何以
中国

何以中国

何以帝国
从财政视角再看中华史

刘守刚 著

浙江人民出版社

图书在版编目（CIP）数据

何以帝国：从财政视角再看中华史 / 刘守刚著. —
杭州：浙江人民出版社，2022.9（2024.10重印）
ISBN 978-7-213-10688-0

Ⅰ. ①何… Ⅱ. ①刘… Ⅲ. ①中国历史-古代史-通俗读物②财政史-中国-古代-通俗读物 Ⅳ. ①K220.9 ②F812.92-49

中国版本图书馆CIP数据核字（2022）第131859号

何以帝国：从财政视角再看中华史

刘守刚　著

出版发行：浙江人民出版社（杭州市环城北路177号　邮编　310006）
　　　　　市场部电话：(0571)85061682　85176516
责任编辑：诸舒鹏　　　　　　　营销编辑：陈雯怡　张紫懿
责任校对：何培玉　　　　　　　责任印务：程　琳
封面设计：尚燕萍
电脑制版：杭州天一图文制作有限公司
印　　刷：浙江新华数码印务有限公司
开　　本：680毫米×980毫米　1/16　　印　张：17.5
字　　数：206千字　　　　　　　　　　插　页：1
版　　次：2022年9月第1版　　　　　　印　次：2024年10月第7次印刷
书　　号：ISBN 978-7-213-10688-0
定　　价：79.00元

如发现印装质量问题，影响阅读，请与市场部联系调换。

◎ 目录

前 言 ‖ 001

006 财政之眼：如何从另一个视角考察中华帝国历史？

第壹部分 走向帝国

017 初税亩：为什么标志着中华向帝国转型？

026 商鞅变法：为什么是帝国的奠基工程？

第贰部分 帝国初兴

037 轻田租：为什么汉初减税没有想象中美好？

044 财政政策：桑弘羊为什么支持积极治理？

051 国家专营：文学贤良为什么反对桑弘羊？

059 国弊家丰：豪强毁掉了大汉？

066 财富战争：士族必须死，帝国才能生？

第叁部分 帝国成长

075 均田制：调整田制的目的到底是什么？

082 徭役问题：为什么有钱有粮也会亡国？

089 租庸调制：盛唐的制度为何会被废止？

095 两税法：帝国正统财政制度是如何形成的？

103 盐利：为什么是千年帝国的"救命钱"？

110 税商：为什么商业发达救不了大宋？

117 理财术：王安石变法如何挑战帝国整体制度？

124 军事财政：为何帝国千年无法摆脱两难困局？

131 回买公田：实物资产能救帝国的命吗？

138 掠夺性税商：帝国财政能和百姓利益共容吗？

第肆部分 帝国成熟

147 空印案：帝国实现有效治理到底难在哪里？

153 官俸制度：帝国薪酬体系制定为什么难？

161 货币财政：白银帝国是如何形成的？

167 张居正改革：做个有作为的权臣为什么不容易？

174 太监收税：正路不通，必走歪路？

180 皇帝劝捐：为什么君主遭到官僚集体背弃？

187 黄宗羲定律：民众的税收负担到底从何而来？

194 江南奏销案：用政治罪能否纠偏财政管理的无能？

201 雍正帝改革：最具成功条件的财政改革为何失败？

第伍部分 走出帝国

209　海关税：为何是帝国财政向现代转型的标志？

217　张謇办厂：现代重商主义是怎样兴起的？

224　度支部：帝国财政机构如何向现代转型？

结　语 ‖ 232

参考文献 ‖ 242

附录：《燕京书评》访谈问答 ‖ 244

后　记 ‖ 271

前　言

　　中国已经历了漫长的历史，唐宋元明清这样的朝代更替表国人早已烂熟于心。本书将从财政的视角再看一遍中华史。

　　"财政"这个词十分常见，它跟"财务"相对。财务一般指私人对钱财的处理，而财政则是国家对钱财收支事务的处理。那么为什么要用财政来做认识历史的工具呢？

　　如果看过罪案剧，肯定熟悉侦探们的一个破案手法，那就是跟着"钱"的线索走。只要看谁得到了好处，就能揭开表面看来错综复杂的案件谜团。从"钱"的角度，我们也可以看明白历史深处的一些人和事。

一

　　我先来说一个时间很近的异国他乡的故事。

　　1972年，美国爆发了"水门事件"。它是美国历史上最不光彩的政治丑闻之一，直接导致了总统尼克松辞职下台。在整个事件的调查过程中，《华盛顿邮报》发挥了极大的作用。《华盛顿邮报》的记者们是怎么找到调查的线索的呢？可能你已经知道，他们得到了一位内部人物的帮忙。这位著名的爆料人的身份直到2005年才被曝光，在此之前世人一直称呼他的代号——"深喉"。在调查遇到困境，《华盛顿邮报》的记者找"深喉"进一步了解线索时，他只提供了一句话。这句话可不得了，它就像拉动厚重幕布的那根绳子，一下子打开了调查的局面。到底是什么话呢？那就是，"跟着钱走"。跟着钱的走向查下去，追寻钱的线索，最终发现了"水门事件"的真相。

我们再来看看中国历史上一个著名的瞬间。

南宋名将岳飞站在军帐前，手里握着宋高宗赵构要求他班师回朝的十二道金牌。岳家军刚刚取得了一连串的胜利，现在班师回朝，那就意味着没办法巩固胜利果实，更不可能乘胜追击了。岳飞仰天长叹："十年之功，废于一旦！"后面的历史我们都知道，岳飞被打入天牢，最终被杀害。过去对这段历史的解读，一般都是岳飞精忠报国，秦桧大奸大恶，宋高宗昏庸无能。甚至你还可能曾经唏嘘感慨，岳飞的忠心用错了地方，重兵在握的他要是反了，历史不就是另外一番样子了吗？

但是，如果你从钱的角度再来看一看，就会有新的发现：就算岳飞真的想反，也根本反不了。为什么呢？虽然在岳飞事件中宋高宗是以一个"昏君"的形象留在历史上，但是，他延续了宋代开国以来的一个重要制度，这个制度对南宋朝廷的稳固非常重要，那就是严格控制军费统一由中央发放。

把军费攥在手里为什么这么重要？要知道，在中华史上，每当政局不稳、国运动荡的时候，中央常常因为财政吃紧，军费压力增大，就放手让各地军阀自己筹粮筹款，解决军费问题。比如，安史之乱之后的唐朝政府、太平天国时期的晚清政府，都是如此。这么干当然能救国于危难，但问题也很大，将领们容易拥兵自重，朝廷可能无法控制军队。赵构是不是昏君暂且不论，军费完全由中央掌控这个决定，确实为南宋政权的长期稳固起到了非常重要的作用。以1137年为例，当时，整个中央财政一年从江南苦心竭力取得的收入不过6000万贯,而供给在北方打仗的岳家军的军费就接近700万贯。岳家军的每一份粮草都得靠中央解决,如果岳飞不听令,朝廷马上就能断了大军的后路。所以你看,理解了这一点,你就不会再去假设,如果岳飞反了历史会怎样。

二

看历史有多个角度。你可以从人的角度看历史的变化,看一个个王侯将相、英雄豪杰、圣贤文人的人生经历,看个人的意志,看偶然的命运,看个体的奇思妙想与成败起伏,看谁方唱罢谁登场。你也可以从组织或制度的角度看历史,看一个个王朝的兴衰成败,看从大内到外朝的权力转移,看中央与地方的互动博弈,看不同政权的争霸演化。

然而,不管是个人的活动,还是组织与制度的变迁,背后都有一个根本的约束,那就是钱。"水门事件"也好,十二道金牌也罢,任何一段历史、一个历史事实,如果从钱的角度再看一遍,就能更好地理解历史中的人、组织与制度,才会明白为什么有的时候会出现风云际会、激荡人心的变化,有的时候却只能换得"读书人一声长叹"。

跟着钱走,会打开一个更真实的视角:

钱从哪儿来,又往哪儿去?

谁付出最多,谁又坐收渔利?

谁得到了好处,谁又付出了代价?

任何时空里,考察财富的博弈都可以把历史撕开一个口子,人们能从这个截面上看到各方力量的角逐,理解历史向前发展的真实动力。你可能听说过"一人兴邦"的历史传说,可你知道吗,有不少王朝的灭亡，在根子上就早已由财政状况决定了。帝王将相的贤愚不肖难以改变王朝的命运。你可能知道大多数王朝被推翻时国库都被耗空了，可你知道吗，财政方式如果出了问题，有钱有粮也一样能亡国。你可能一听皇帝收税就想到横征暴敛，可你知道吗，轻税未必就一定有益于民，"正路"不通往往会导致"歪路"的出现，而"歪路"最终不但无益于国，而且有害于民。

营养师会告诉你，"你吃下什么，就会变成什么"（You are what you eat）。财政学家会告诉你，国家征什么税、怎么征税，会反过来塑造国家本身。恰当的财政制度会让官民两利，让国家不断地发展；而糟糕的财政制度，会让官民两输，最后国家崩溃。那什么才是恰当的财政制度？

三

在这本书中，我将以财政为线索重新梳理一遍中国在帝国时期成长的历史，从钱的角度解释许多历史现象，也会探讨什么样的财政制度才是恰当的，在不同的历史阶段恰当的标准又有什么不同。

接下来的 30 章，每一章的正标题是一个财政事件或财政现象，副标题是一个历史问题。在阐述时，我将围绕以下三个线索展开：

第一，财政制度的三个要素，即收入、支出、管理，在历史时空中是怎样不断变化的？对王朝的兴衰、帝国的国家治理有什么影响？

第二，从财政制度变迁的角度看，中国在帝国阶段是怎样不断成长的？财政作为制度变迁与国家成长的动力又是怎样发挥作用的？

第三，体现在财政领域中的强制权力，是如何从相当程度的君主私权，一步步地实现公共化的？为什么在鸦片战争后，中国从帝国向现代国家转型具有必然性？

我相信，这30章内容，会有助于人们洞察中华民族艰难成长的历史，帮助人们把握千百年来帝王将相在历史舞台上所言所行背后的财政秘密，并从中看清历史发展的方向所指与动力所在。

四

本书不同于市面上的一些财政史著作，更不是仅凭网络就可以查阅到的一些只能让人"知其然"的知识片段。我会挑选财政史上的一些重大事件、重要制度和杰出人物的行为，解释其中的前因后果，评价它们的得失成败，指出历史深处的隐秘，使人能"知其所以然"，对历史拥有更深入、更准确、更立体的认识，帮助读者理解历史何以如此、为何不得不如此。

曾经当过奥地利财政部长的思想家熊彼特说过这样一句话："一个民族的精神、文化水平、社会结构等，都写在民族的财政史中。"我希望，通过从财政出发阐释历史的30章内容，让人能体会到那股推动民族命运变迁的力量，并能在看待历史时拥有新的视角，进而打通历史和现实，多一个理解世界的维度。

财政之眼：
如何从另一个视角考察中华帝国历史？

法国艺术家罗丹有一句名言很多人都熟悉，那就是"生活中不是没有美，而是缺少发现美的眼睛"。在艺术上要拥有发现美的眼睛，需要训练；从财政角度看一遍中华史，要能因此对历史现象知其所以然，就需要一些概念与理论。在这一章，我将交付给你一对财政的眼睛，一些从财政视角理解中国历史必不可少的概念术语与理论工具。

什么是财政？

财政是一个常见词，在前言中我说过，它跟财务相对。财务是对个人钱财的收支与管理，而财政则是对国家钱财的收支与管理。国家财政与私人财务在表面上都是对钱财的处理，可在性质上却有很大的差别。为什么这么说呢？

先从两个故事讲起。

《隋唐演义》里有一个"秦琼卖马"的故事，说的是忠义无双的山东好汉秦琼秦二哥，到潞州府出差，没有钱住旅店，只好上街去卖自己的黄骠马。真是"一文钱难倒英雄汉"。

在传说中,钱的问题也同样难倒过那个治水的大禹。有一个版本的传说是这样的,说大禹在治水过程中缺乏经费,没有钱财支持导致无法继续治水。不过,跟秦琼不一样,大禹不需要卖马,他把天下划分为9个财政区域,要求每个区域内的部落根据土地出产情况缴纳贡物(税收),甚至为他们规划好上贡的路线。有一次,大禹在会稽山这个地方召集各部落首领开会,要求他们统一携带玉帛作为贡物上缴。有一位部落首领叫防风氏,没有服从大禹的要求。有人说他开会迟到,也有人说他根本就没到。总之,他后来被大禹抓住杀掉,以示惩戒。

故事和传说本身未必是真的,但在缺钱时,平民百姓和君主有不同的处理方式这肯定是真的。那么问题就来了,为什么秦琼没钱时只能依靠市场交换而不能靠他的武艺或用手中的金锏去抢,而大禹缺钱时却可以依靠强制手段来征收,甚至不惜杀人呢?答案一句话就能说清楚,大禹要钱是为了治水这个"公共"需要,而秦琼不是。用财政的术语来说就是,满足公共需要是财政可以运用强制手段的唯一合法理由。

此处我们已经可以看出国家财政与私人财务的差别了,财政兼具公共性与强制性,而私人财务却没有这些性质。因此,我们可以把财政界定为:为了公共需要而运用强制力量获得并运用钱财的活动。

财政的公共性有一个成长的过程

上面给财政下的定义,也许并不能立刻让人信服,比如,有人会说,财政的强制性谁都能体会得到,不缴皇粮国税要受罚甚至要掉脑袋,可怎么能看出它的公共性呢?自古以来不就是一帮"人上人"为了自己骄奢淫逸的生活，靠暴力向老百姓强制性地要钱要粮吗？

如果这么想的话，就把问题想简单了。没错，依靠暴力可以获得钱财，但暴力并不能使之合法。就像秦琼如果靠金锏去抢钱财，就会沦落为连他自己都不齿的强盗。唯一能让强制成为合法的途径，就是使被强制者自己也认同这种强制；而被强制者之所以认同，是因为强制力量的运用是为了公共的需要。

在人类历史的长河中，装载强制力的国家机器有多种形态，掌握这种强制力的统治者也有不同的表现。在人类发展的初期，公共性可能非常不明显，让人只看到强制性；但是，历史越是发展到现代，这样的公共性就越发凸显，强制性反而隐没在背后。换言之，强制力应该受到公共性的约束，只有到人类历史发展的后期，人们才会越来越清晰地看到这一点。具有公共性的强制力，我们称之为"公共权力"。人类的历史可以看作是一部公共权力的实现史，或者说可以看作统治权不断地走向公共化的过程，最终使人类实现自我的统治。因此，财政的公共性是逐渐成长起来的，它跟国家的发展阶段有关。

国家发展的三个阶段

以往我们考察中国的国家发展阶段，总是按不同王朝划分，再深入讨论每一个朝代从初兴到鼎盛再到衰亡的过程。这样做简单直观，当然没错，但难免有缺失。缺的是什么呢？缺的是一根金线，用它能把历史作为一个整体串联起来，并能用它来探究国家从初兴到成熟的内在逻辑，体悟公共权力在其中不断成长的过程。

基于这个原因，我对中国的国家发展阶段的划分，并不按王朝，而是按国家组成要素，将其分成了三个大的发展阶段，这三个阶段也代表了国家的三种类型。

在我看来，中国国家发展的第一个阶段是城邦。从国家这个形态刚刚出现直到春秋战国之前，都属于城邦时代。第二个阶段是帝国，从战国到清代，中国属于帝国时代。第三个阶段是现代国家，自1840年之后，中国逐渐走向的就是现代国家。

这样的阶段划分，依据的是国家组成的必备要素以及支撑点的不同。国家组成的必备要素有人口、土地、公共权力三个，在不同的发展阶段，这三个要素的重要性不同，其中发挥最重要的支撑作用的要素可以称为"支撑点"。依据支撑点的不同，我将国家分为城邦（以人口为支撑点）、帝国（以土地为支撑点）、现代国家（以公共权力为支撑点）这三个阶段或三种类型。

先来看城邦。这是国家发展的早期阶段，此时的国家基本上是一个个散落的人口聚居点。此时，土地有的是，相比之下人口就显得特别稀缺。所以，城邦国家的支撑点就是人口。谁能笼络住更多的人口，谁就掌握了最宝贵的资源，谁就能发展得更好。而所谓发展得更好，标志就是人口能够不断地生存繁衍。城邦的领袖都是什么人呢？是宗教领袖、家族长辈、军事首领、特殊贡献者或者具有特别管理才能的人，总之是一个人群中最具有人格魅力的人在行使公共权力。这样的公共权力结合了统治权和个人魅力，我们一般把它称为权威。那自然而然地，城邦时代的公共权力就具有高度的私人性。

再来看帝国。到了城邦后期，随着人口繁衍，土地相对于人口来说开始变得稀缺，于是对外夺取更多的土地，对内更有效率地使用土地，就成了国家发展的内在需要。这样，就出现了以土地为支撑点的新国家阶段，这就是帝国。这个时候，君主的统治权实际上来自对土地的所有权，中国古人的说法是"打天下者坐天下"，即占有天下土地的人（家族）拥有统治天下的权力。此时统治权和统治者家族对土地的所有权结合在一起，公共权力已开始表现出一定的公共性。我把帝国时期结合了（土地）财产所有权与统治权的公共权力，称为君权。

最后来看现代国家。到了帝国晚期，事情又开始起变化了。经过长年累月争夺土地的战争，国家和国家之间的领土边界逐渐确立，土地上附着的人也相对固定了下来。此时帝国很难再依靠向外扩张来获取土地，于是就用制度来更有效地配置人口与资源，从内部寻求国家的发展成了应有之义。工商业经济就是以此为背景开始大发展的，这让整个共同体慢慢超越了农耕经济的层次。工商业经济活动高度依赖于个人的努力，这就需要国家用公共权力来确立并保护私人产权关系和自愿交易行为，而由君主来行使公共权力的帝国制度显然无法承担这样的使命。于是生活在这片土地上的人们就要求，成立一个经过公众同意后形成的组织（代议制机构），来行使公共权力。这样，公共权力就逐渐脱离了统治者个人（家族），转而由一个经民众选举确认的组织来承载，现代国家就出现了。这种结合了代议制组织的公共权力，我把它叫作主权。

以上就是我对国家发展（以及国家类型）的三个阶段的划分，从这三个阶段你能看出统治权是怎么一步一步走向公共化的；从结合个人魅力、家族财产权最终发展到结合代议制组织，从权威、君权发展到主权。统治权的公共化，体现在财政中，就是我前面说的财政权强制性背后的公共性的不断成长。

从世界范围看，帝国这一国家类型在中国这个地理空间中构建得极为成功、发展得最为成熟，在中国历史中，帝国阶段延续的时间也因此非常长。在这本书中，我要为你展示，财政各个要素（收入、支出、管理）在中华史中的帝国期间的变化过程，以及财政权在这个阶段如何一步步凸显出公共性，以至于到最后推动国家从帝国走向现代国家。

税柄的三种形式

前面说了这么多财政、财政权的事情，貌似有点高深。接下来我换一个更简单、一般人更熟悉的词汇，那就是"税收"。税收似乎无人不知，就像美国开国元勋富兰克林说的，税收和死亡是人世间无可避免的两件大事。

在财政学中，一般认为税收是一个现代事物，它的首要特征是纳税人的同意。纳税人为什么会同意缴税呢？这是因为在现代国家中，税收具有公共性，征税权是公共权力，表现如下：在征收前，会向纳税人说明钱款用在公共事业上，并请求纳税人代表的批准；在征收和使用过程中，会受到纳税人代表的严格监督；在事后，会有审计和问责机制追究税款的使用。不过这样的现代税收，显然是从古代的雏形成长起来的，所以在研究古代财政时，我按照财政史的习惯把所有的财政收入都称为"税收"，把所有的财政征收行为都称为"征税"。

国家要征税，就需要有一个"把手"。靠门把手我们可以打开沉重的大门，征税依靠的把手，我称它为"税柄"。依靠税柄，国家才能方便地征税。在征税过程中能够运用的"把手"大致有三个，即人口、土地、工商业活动。用这三种税柄获取财政收入的活动，我分别称之为税人、税地、税商。税人以人口为税柄，表现为让人亲身服役，或者按人头征税；税地以土地为税柄，表现为按土地的面积和等级来征收粮食或货币；税商以工商业活动为税柄，表现为针对商品交易额、商人财产、商业活动收益征税（征税制），或者政府参与商业活动谋取利润（官营制），或者政府通过设置许可来向寻求许可的人索取特许费（许可制）。

在中国历史中，以上三种税柄实际上都在使用。不过，在不同的国家发展阶段，有各自侧重的主体方式。

拿城邦时代来说，国家以人口为支撑点，运用税柄的方式主要是税人。西周时期的周天子，主要的财政收入就来自千里王畿内民众的亲身服役。这种亲身服役有很多种形式，在财政史上通常统称为徭役。比如，民众自备武器为周天子打仗，就是服军役；民众为周天子耕种公田，是服劳役；民众为周天子建造公共工程，就是服力役等。当然，周天子还会向诸侯国或臣服部落集体性地收取贡物，这实际上也是税人的一种方式。

到了帝国时代，税柄的主要运用方式就是以土地为支撑点来税地，比如依照土地面积，在区分土地等级的基础上，以实物或货币形式征收田亩税。中华帝国时期的税地，将是这本书的主要内容。

到了现代国家，税柄运用的主要方式显然是以公共权力为支撑点来税商，尤其是实行其中的征税制。中国走向现代国家的过程，在财政上就是确立以工商税收为主体收入形式的过程。

不过我要提醒的一点是，以上说的国家发展阶段与税柄运用形式只是大致对应，不是唯一的。在接下来的章节会说到，中华帝国以税地为主要的收入形式，但有时也会严重地依赖税人或者税商，或者采用某种混合的形式。只不过，税地在理念上，始终是中华帝国的正统财政收入形式。

小结

本章的内容是为你安装一双财政之眼，用来考察中华帝国的兴衰史。在接下来的章节中，我将运用这些概念和理论，帮你从财政视角再看一遍中华国家史上的帝国阶段。你会看到，税人、税地、税商在历史上是怎么变迁的,以及其中财政权的公共性如何表现。在每一个发展阶段,各路历史人物都在不断地寻找合适的财政形式,他们的行为脱不开财政奠定的基本格局,由此也注定了中华帝国在历史上的各种高光与晦暗时刻。

本章有以下内容值得重点关注:

一、公共性和强制性是国家财政区别于私人财务的两个性质。满足公共需要是财政可以运用强制手段的唯一合法理由。

二、人类的历史就是一部公共权力的实现史,统治权不断地走向公共化就是人类最终实现自我统治的历史。运行在财政领域的公共权力就是财政权,统治权的公共化表现在财政上就是财政权的公共化。

三、国家由三个必备要素(人口、土地、公共权力)组成,在国家的不同发展阶段,这三个要素的重要性不同。按起最重要支撑作用的要素(支撑点)的不同,国家的发展阶段可分为城邦(支撑点为人口)、帝国(支撑点为土地)、现代国家(支撑点为公共权力)。

四、按税柄来划分,国家财政获取收入的方式有税人、税地、税商三种,分别形成城邦、帝国、现代国家的主体收入形式。但在国家的某一个特定发展阶段,可能会有多种形式的混用。比如在中华帝国时期,以税地为主体且形成正统收入形式,但税人、税商也在运用甚至有时非常重要。

第 壹 部分

从税人到税地,
依托土地成为帝国。

走向帝国

初税亩：
为什么标志着中华向帝国转型？

我们在中学历史课本上学过一个名词叫"初税亩"，它说的是春秋时期发生在鲁国的一个财政事件。在中学历史课堂上，这样的历史事件可能一带而过。但在这里我要说的是，以"初税亩"为标志的事件不仅是财政制度的一个重大变化，而且还是中国的国家发展阶段开始转型的标志；这样的财政收入形式变化并非一次就完成了，而是成为后世中华帝国财政追寻千年才实现的目标。

初税亩标志着从税人向税地的转型

"初税亩"的大体内容是说，在过去，农民既要耕种"公田"，又要耕种"私田"，其中公田出产的粮食归国君，私田出产的粮食归农民自己。从经济性质上说，国君获得的公田粮食实际上是农民提供的劳役地租，当时的说法叫"借民力以助耕公田"，在上一章我把它命名为"税人"。可是到了后来，由开垦荒地形成的私田越来越多，而民众对于在公田上提供劳役则越来越抵制，干活越来越不卖力。于是，在公元前594年，鲁国国君宣布实行"初税亩"，要求农民不管耕种的土地是公田还是私田，每家每户都要根据实际占有的土地面积（区分等级）缴纳田税（粮食）。实际上，不仅是在鲁国，在此前后其他诸侯国也大多发生了类似的事件，比如晋国的"作爰田"、郑国的"作丘赋"。

在财政上，鲁国实行初税亩意味着每家每户都可以实际占有自己耕种的土地，只需要按照土地面积纳税即可。在当时，按土地面积纳税被称为"履亩而税"。"履"的意思是鞋子，"履亩"就是依靠跨步子丈量土地。在西周，宽 1 步、长 100 步为 1 亩（古代左右脚交替前行一步为"一步"，相当于现在的两步），商鞅变法前后改为长 240 步为 1 亩，且 1 步为 6 尺。

"履亩而税"的初税亩为什么这么重要，以至于我把它当作国家转型的标志呢？

在今人的想象中，土地是财富之母，农耕时代按土地面积征税（粮食）既合理又公平，所征即所出，而且财政负担还落到了有能力的人身上，田亩多者纳税也多。不过，如果你基于当时人的处境想象一下，履亩而税实在是一件大事。因为它意味着必须在丈量土地的基础上才能征税。可丈量土地，需要有高度的技术和复杂的管理。你想，要动员人力来跨步子丈量，要加以记录汇总，要管理土地档案并及时加以调整。在丈量的基础上，还要再由基层官吏根据档案中的土地面积计算税收、称量粮食。为此需要有大量的人员可以动用，要有非常复杂的官僚机构来具体操作，用今天的话来说，这意味着国家统治权要能够深入社会之中。

在西周初年，要执行"履亩而税"，条件根本达不到。在那时，人口稀少而土地丰富，广袤的中国大地上散布的都是一些稀稀落落的人群聚居地。一方面，周天子不得不承认原来的一部分人群聚居地为"诸侯国"，给原来的首领加以封号；另一方面，他又让自己的近亲近族向东方进行武装殖民，以新封诸侯的形式在交通及战略要地建立聚居地。因此，除了部分地区（如王畿）外，绝大多数诸侯国都呈点状分布，由一座（少数可能超过一座）城邑及其毗邻的土地构成。

在这样的诸侯国内，最初建立的是怎样的财政制度呢？传统的说法是"井田制"。由诸侯或更低级贵族将可耕地分配给农民（一夫授田百亩），或者认可农民自己开垦的荒地，由此形成"私田"。私田出产的粮食用来养活农民自家。再由八家农民集体共耕"公田"百亩，其收获物以祭祀所用为名，上缴给诸侯贵族，形成财政收入。八块私田、一块公田，组成"井"字形；四周为私田，中间为公田。不过今天的学者认为，由于山川、河流、地形等原因，很少有土地能够以井田形式来划分，因此井田制应该是对当时村社共同体共有共耕土地制度的一种反映。就是说，当时农业生产活动和村社内部事务由村社集体承担，村社成员还要集体为诸侯贵族无偿耕种部分土地（即公田），并上缴该土地上的收获物。除此之外，村社成员还要为建造公共工程或打仗，无偿提供力役或军役等。在"财政之眼"一章，我曾说过，这样的财政收入依托于人口而征收，因而称为"税人"。

不过，在原来的基础上，人口慢慢得到繁衍，这就对耕地资源产生了越来越大的压力。于是，大量的人口纷纷涌向未曾开发的土地，开垦出许多不用承担财政义务的"私田"。而且，此时铁器投入了使用，耕作技术、劳动技巧得到改进。在这样的条件下，生产效率越来越取决于劳动者使用生产工具的努力程度。原先在公田上向领主提供劳役的集体耕作制度，日益显得落后，劳动者积极性不高。这一状况，在古代典籍中就是"民不肯尽力于公田"。而在公田上集体劳动时不积极的农民，在给自家私田干活时却非常起劲

("今以众地者，公作则迟，有所匿其力也；分地则速，无所匿其力也")。

在诸侯贵族们看来，封地内所有的土地都应该是自己的，都可以征税。可是在井田制度下，大量私田不用缴税，用来作为财政义务的公田，民众又不愿意好好耕种。于是类似于"初税亩"的改革举措就是应有之义，呼之欲出了。他们宣布土地不再分公田与私田（"通公私"），民众一律按土地出产以固定比例缴纳粮食。按照黄宗羲在《明夷待访录》中的说法，上田出产按十分之一缴税，其他田地根据土地等级按递减比率缴税（"相地而衰征"），这就是"税地"。可见，"初税亩"代表了财政收入形式从税人向税地的变化。

初税亩标志着从城邦向帝国转型

"初税亩"除了是财政收入从税人向税地转型的标志，还标志着中国从原来以人口为支撑点的城邦开始转向以土地为支撑点的帝国，中华帝国由此开始形成。为什么这么说呢？

前文提及，构成国家的必备要素有三个（人口、土地、公共权力），不同阶段的国家对这三个要素的依赖性不一样，根据依赖的最重要要素（即支撑点）的不同，国家可分成三类：城邦、帝国、现代国家。

西周初年周天子宣布："溥天之下，莫非王土；率土之滨，莫非王臣。"不过从后世眼光看，这样的说法纯粹是周人对天子权力的一种夸张。正如前面说过的，在地广人稀的土地上，周天子也好，各诸侯也罢，并不能对土地实行有效的管理。那时候君主要统治，就只能控制人口，财政收入也只能是税人。君主不管想干什么，都必须在人身上打主意，获取人的亲身服务（公田的劳役、战时的军役、工程中的力役）。

在西周初年，依据国君与所统治人口的亲疏关系，形成了三类不同的被统治群体。第一类是国人，他们住在城池里（或近郊地区），平时耕种国君分配的"份地"，承担的义务主要是军役，其他财政负担很轻，还有一些政治特权如获得官学教育等。第二类是野人，他们一般居住在离城邑有一定距离的地方，是主要的农业劳动者，财政负担重（在公田劳作并上缴土地收获），但没有服军役的义务，也没有政治上的特权。第三类是夷人，他们未被纳入统治，当然也没有财政义务，到后来要么慢慢地被同化成为野人，要不然就被迫向四境迁移。

到春秋战国时期，在人口不断繁衍、生产效率取决于劳动者努力的前提下，诸侯国统治者通过"通公私""初税亩"等制度改革，初步建立起以土地为支撑点的帝国。在此方面最为重要的特征，就是把国家共同体对土地和人口的支配权落实到君主个人及其家族身上。就是说，以君主的个人所有制（或君主家庭所有制）形式，来实现国家共同体对土地（及附着人口）的支配权，国家的公共权力借由君权来表现自己。当然，由于国君不可能亲自管理庞大的领土，于是发展出科层制、郡县制等制度。在底层，国家经"通公私"将土地配置给一家一户的小农来耕种，由农户家庭自主决定土地耕种和收获过程，然后再通过"初税亩"等方式实现"履亩而税"。在当时的历史条件下，这种以君主所有及个人负责的产权制度与政治制度，在效率上优于城邦时代的共有共用制和等级领主制。

当然，由于以土地为支撑点，帝国除了对内要通过制度变革（即春秋战国时代我们耳熟能详的各种"变法"）来提高土地使用效率和国家制度运行效率外，还要向外扩张，甚至不惜发动惨烈的兼并战争。特别是到了战国时代，杀人盈城、杀人盈野的场景，一再出现,直到秦灭六国。秦始皇建立统一帝国后,一方面到处立碑声称"六合之内,皇帝之土""人迹所致,无不臣者",另一方面颁布法令,"令黔首自实田",宣布不管以前土地状况如何,只要到官府去登记自己所占据的土地、按土地数量纳税,国家都认可。秦始皇的做法,事实上完成了"初税亩"所标志的国家由城邦向帝国的转型。

由此可见,"初税亩"的实行不是一个简单的历史事件,它标志的不仅是财政收入方式的变化,而且是整个国家发展阶段转型的开始。从此,君主可以以拥有天下所有土地的产权为基础,再以恩惠的名义把土地配置给民众使用,以此取得统治民众并"履亩而税"的合法性。"打江山者坐江山"这句口号,非常好地反映了接下来延续两千多年的帝国特征,即借助对全天下土地的占有,来获得对土地上人口的统治权。

帝国千年才真正实现"履亩而税"

"初税亩"之后,真的就实现了按土地面积来收税吗?当然不行,"履亩而税"的困难在帝国初期一直存在。可以说,中华帝国为了实现按土地收税,努力了上千年。

前面说到"履亩而税"在现实执行时的技术因素和管理难题。比如土地丈量问题,在土地广袤、地形复杂、基层机构简陋、官吏人数极少、绝大多数人口不识字的情况下,要做到准确丈量田亩几乎是不可能的。还有账册管理难题,即使完成了土地丈量,还要把日常土地买卖流转信息及时登记在账册上,官府才能据实征税,在当时条件下也难以做到。

面对现实中的这些困难,要实行"履亩而税"就不得不采取变通的办法。从秦汉直至唐初,大致的办法是,国家给民众按人口或者丁口（即成年男子）分配土地，大致上"一夫授田百亩"，然后国家再按人口（丁）数征税。由于在制度上每个人（丁）都有土地，所以对人征税跟对土地征税大致等价，但对人征税在技术上和管理上要简单得多。这是因为在古代比较严酷的生存环境下，人总是呈集中居住的状态，清点人头在技术上比较简单；而且自战国以后，国家对人口的管理也比较好，账册相对齐全。在历史上，汉代的授田制、北魏的均田制、隋唐的均田制，其实大都是通过对人授地、再依人征税来变通实现"履亩而税"。这样的变通办法，实际上也是城邦时代以人为税柄与帝国时代以土地为税柄的一种混合形式。

不过，变通办法要能行得通，还需要有一个重要的前提条件，那就是国家手中要有大量的土地可用来授田。一旦这个条件不具备，人口无法获得土地或者因为某种原因失去了土地，这时对人口征税就不再等价于对土地征税。如果民众没有土地、没有用来从事生产的资料，国家还要按照人口数征税的话，民众是没办法承担的。在这种情况下，对民众来说，最佳的逃税手段就是逃亡。汉代历史上流民的产生，大多就是这个原因。

到了唐代中期，杨炎实行两税法改革（780年），其实也是为了直面这样的问题。杨炎改革的具体情况，我到后面章节再说。大致说来，在两税法之后，国家就不再负担为民众授田的责任，只根据民众实际占有的田亩数，每年分夏、秋两次征税。对民众来说，田亩多，就多缴税；田亩少，就少缴税；没有田亩，就不缴税。所以，到唐代两税法之后，才真正地在制度上确立起"履亩而税"。

那是不是说两税法之后，"履亩而税"的帝国财政理想就实现了呢？应该说，从制度理想到现实操作仍有一个逐步落实的过程。比如后世财政史上的"千步方田法""经界法"等，解决的是土地丈量问题；青苗簿、鱼鳞册等，解决的是土地账册管理问题。由此，技术与管理问题在一定程度上得到了解决，唐代以后中华帝国又能维持千年，可以部分地归功于"履亩而税"的相对成功。不过，特权集团通过瞒报土地偷税漏税，大大小小的官吏在征税过程中贪污腐败、中饱私囊，又成为帝国财政管理的难题，这些问题我到后面的章节再说。

小结

春秋时期鲁国实行了"初税亩"，其他诸侯国也实行过类似的改革。这些改革，不仅意味着中国古代财政收入形式的变化，即从以人为税柄转为以土地为税柄，更重要的是，它们是两千多年中华帝国国家类型诞生的标志。此后，中华帝国在财政实践中就是致力于实现"履亩而税"，即实现以土地为税柄的帝国财政理想。

本章有以下内容值得重点关注：

一、公元前594年，鲁国实行"初税亩"，要求老百姓根据自己占有的土地面积缴税，这既是财政收入形式的变化标志，也是中国开始从城邦时代向帝国时代转型的标志。

二、城邦时代的中国，以人口为支撑点，统治者把人口划分为国人、野人、夷人三类，从前两类分别获取亲身服役的财政收入，努力同化或驱逐第三类。到帝国时代，则以君主拥有土地产权为基础，以君主恩惠的名义把土地配置给民众使用，以此取得对统治民众、"履亩而税"的合法性。

三、"履亩而税"的财政理想，贯穿于中华帝国整个时期。在唐代中期两税法之前，主要的困难在于土地丈量和账册管理；在两税法改革之后，主要的困难在于特权集团偷税漏税、大小官吏贪污中饱。

四、从秦汉一直到唐代初期，大多采取先授田再按人口（丁）征税的办法，变通实现税地，直到唐代两税法改革后才真正地在制度上确立起按土地面积征税。

商鞅变法：
为什么是帝国的奠基工程？

说到中华帝国和帝国财政，有一个人和一个事件不得不提，那就是商鞅和商鞅变法。在中学历史课上，我们就知道了商鞅这个人，也都知道是商鞅变法让秦国由弱变强。后来秦国之所以能统一六国，离不开商鞅的功劳和变法的成果。对于商鞅，有许多人不吝赞美之词，甚至为他的遭遇流下同情的热泪，但也有不少人严厉地谴责他的所作所为，对他建立的制度加以彻底的否定。甚至到今天，对商鞅的评价依然两极分化。

我们先从帝国财政的角度看看商鞅做了什么事，再来说说他是一个怎样的人，以及该如何评价他的变法。

体系化的变法

在中国古代史上，你一定听说过很多财政改革者的名字，如桑弘羊、杨炎、张居正。在相当程度上，这些人都只是在已有的帝国财政制度上修修补补，可这样的制度又是怎么来的呢？春秋时期，以"初税亩"为标志的帝国财政制度在诸侯国中不断出现，但将这些制度完整地加以构建，并设法使其在现实中有效地运转起来，商鞅的功劳很大。

前356年和前350年，在国君秦孝公的支持下，商鞅在秦国发动了两次变法活动。变法的过程和许多内容，已是今天中国人耳熟能详的名词，像"徙木立信""废井田""开阡陌""统一度量衡""编户齐民"等。不同的人解读商鞅变法，侧重点不同。我个人的看法是，从中华帝国财政的角度看，商鞅变法最大的特点是三个字：体系化。

什么叫体系化？我们知道，士兵要组织起来才有战斗力，制度要成体系才能有效地运转。商鞅变法，就是坚持了体系化的原则。它既有组织基础的支撑，还综合考虑了财政经济、行政制度、文化教育等体制结构，使它们相互补充、彼此配合。此外，在组织基础和体制结构的背后，还有价值取向的指导，并为当时秦国的变法进行了有力的辩护。

先来看看组织基础和体制结构。

就组织基础而言，国家治理的对象是人，只有把人组织起来才能实现治理的目标。商鞅在秦国原有的国家组织基础上加以变革，形成了在战国时代颇为有效的民众组织和统治集团组织，为秦统一六国及后世创建帝国奠定了组织基础。

比如，商鞅两次变法都进行了户籍制的改革。他把全国范围内的人口都登记在官府的户籍簿中，登记时要把姓名、身份、籍贯、性别、婚姻状况、身体自然状况都记录在内，还要登记家庭财产，这些都成为后来征税的基础。商鞅还建立起什伍连坐制度，就是在最基层实行十户人家为一什、五户人家为一伍的组织形式，要求相互监视、检举不法行为，对不告奸甚至有意藏匿的人给予惩罚。这样的乡村基层组织，到了后世的朝代大多得以保留或在此基础上加以改进，如汉代的乡里什伍制、唐代的乡里保邻制、宋代的保甲法、明代的里甲制等。

看起来商鞅在组织上对民众挺狠，其实他对统治集团也狠。任何政治共同体都必然存在着统治者，统治者组成的统治集团在政治上占主导地位，掌握着政治权力，决定了国家的治理能力和民众的生存状况。因此，统治集团的组织形式与效能，直接决定了一个国家的发展状况。商鞅在变法过程中，主要运用军功爵位制将秦国统治集团组织起来，以便有效地统率民众参与那个时代国家之间的生存竞争。商鞅的军功爵位制规定，宗室与贵族的子弟除长子可继承爵位外，其他子弟没有在战场上立下功劳，就没有爵位；有了军功才有爵位和名利。这样，军功爵位制成了国家分配名利价值与权力资源的工具。正因如此，在七国之中，秦国统治集团组织得最为高效，行政效率及官吏清廉度亦为各诸侯国之最。军功爵位制在汉初仍得以保留，但这一战争时期的制度毕竟不适用于和平时期，于是在统一帝国时期逐渐发展为官、爵分离制度，即"官以任能、爵以赏功"的统治集团组织形式。不过，组织形式的变化并没有改变军功爵位制所包含的绩效导向的组织精神，这种精神比起封建制时期的血缘原则显然更符合帝国官僚制发展的要求。

除了组织基础外，商鞅还在秦国组建了完整的体制结构，涵盖财政经济、郡县行政、文化教育等方方面面。

在财政经济方面，粮食、布帛、人力等实物性财政资源是决定战争成败的关键。商鞅在此方面的变法，就是要构建起以战争为导向的实物财政运行方式。他通过"废井田、开阡陌"，即废除公田、鼓励开荒、肯定私田等措施，进一步巩固以初税亩为代表的财政制度变革成果，以提高小农家庭的生产积极性和财政收入的能力。在此基础上，他实行重农抑商，用奖励农民爵位与免除徭役的方式，来鼓励老百姓多生产粮食与布帛,并且对商业活动征收重税、对商人加重徭役,以使所有人都从事耕战。他还让耕战措施形成良性循环,就是用耕作来养战,以战来促农。耕作能养战,因为农地耕作可以带来充作军资的粮食和作为战力的朴实士兵;而战又可促农,因为战争会消耗民力、财力、物力,为了生存,民众不得不再次努力从事农业生产。

除了财政经济外,他还在郡县行政和文化教育等领域进行制度改革。比如,商鞅广行县制以取代分封,这为后来秦始皇实行"废分封、行郡县"奠定了基础。县令和县丞由中央直接任免、调任、升迁,不能终身在一地任官,更不许世袭,这样就能有效地把过去分散的地方权力集中到君主手里,加强了中央在制度上的集权,奠定了后世帝国的基本地方行政结构。在文化教育体制方面,商鞅变法的核心内容为"燔诗书而明法令",认为诗书礼乐这样的传统文化无助于国家治理,而改用农战和法制作为教育民众的手段。"以法为教、以吏为师"成为秦国乃至秦王朝明确的教育政策。

到后世帝国,商鞅开创的财经体制基本上得以保留,如君主拥有产权但由私人占有的土地制度、重农抑商的做法和统一度量衡的措施等。特别是重农抑商,这本来是商鞅这样的法家学者的主张,但后来却成为儒家思想的核心内容,并进而成为帝国的正统财政思想。地方政府体制在后世帝国保留得更多,县作为地方治理的基本单位保持了近两千年的稳定。文化教育方面,"燔诗书而明法令"的做法虽然在汉代调整为"罢黜百家、独尊儒术",但由政府出面对民众进行教化的精神实质并未改变,后世更因科举制的确立而将教育机制、选官机制与政治社会化过程高度融合在了一起。

变法背后的价值观

商鞅变法为什么能奠定百代都奉行的制度体系？关键在于他的变法措施背后，有一套价值观来做指引。从今天的眼光看，商鞅的价值观比较现实，从实然政治而非应然政治出发，因此能够有效地支持帝国制度体系的运行。

首先，在人性基础方面，商鞅肯定"利己"，反对墨家的"兼爱"。在墨子看来，当时秩序混乱、战争频发的根源在于人的自爱与自利，因此认为"兼相爱、交相利"才是解决社会纷争最有效的途径。商鞅觉得，墨子推崇的"兼爱"，不是人性的真实状况，实际的人性是"生则计利，死则虑名"。而人性好利并不是坏事，国家可以通过制度化的"赏罚"措施来引导民众的行为。因此，商鞅主张制度建构和国家治理以利己为人性基础，因势利导。

其次，在历史观方面，商鞅反对儒家的退化史观，提倡进化史观。以儒家为代表的学者持有一种退化的历史观，认为今不如昔，因此主张拯救当时天下大乱局面的关键是恢复三代的制度。商鞅认为，历史是在不断地向前发展的，应该彻底抛弃"今不如昔"的范式，转而采用进化史观。商鞅正是以此为基础极力主张变法，认为"治世不一道，便国不法古"，并为此建构出未来帝国的制度雏形。

再次，在治国方略方面，商鞅提倡"法治"，反对儒家的"德治"。面对当时的大争之世，儒家主张恢复礼制、以德治国，统治者应该用自己的道德品质与实际行动树立榜样，达到引导和重建社会政治秩序的目的。商鞅认为，只有法才能定分止争，才能有效地管治民众。所以在他看来，在战争频繁的时代，德治不能帮助秦国迅速崛起，依法治国才是让秦国强大的唯一道路。

最后，在对外战略方面，商鞅提倡积极参与竞争，反对道家的

"与人无争"。道家认为,列国纷争是因为人们沿着"有为"的道路行事,因此主张要无为、无争,保持小国寡民与不相往来的状态。在商鞅看来,这是一个弱肉强食、武力征伐的时代,只有用战争才能消灭战争,非积极参战并取得胜利就不能称王天下,甚至可能会因此亡国。

商鞅阐明的价值取向,为当时秦国的变法进行了有力的辩护,也为后世两千年帝国制度的设计与运行奠定了基础。不过,以商鞅为代表的法家思想所包含的价值取向,毕竟过于严酷。秦亡汉兴的结果,使得汉初统治者逐渐采用儒家价值来柔化法家制度。但是,法家所采用的价值取向毕竟是帝国制度的内在要求,因而始终隐伏在后世帝国制度运行之中,构成"明儒暗法"的基本价值取向以及礼法融合的制度精神。

立法者商鞅

自古以来的财政改革可以分为两种。一种是自弱型,就是越改国家越弱,比如后面会说到的南宋统治者不断变动税商措施来盘剥民众;另一种是自强型,即通过制度改革让国家越来越强,比如商鞅在利己人性观基础上采取的各种变法措施。

商鞅的自强型改革,让秦国强大,这么大的功绩,在后世为什么会有毁誉两极分化的评价呢?在战国时期,商鞅的名声还算不错,最多有人指责他个人有道德缺陷,比如说他欺骗老朋友魏国的公子卬,约人家在两军阵前私聊,却趁机俘虏了他。可到了汉代,就有人抨击他提倡的治国方案缺乏德性基础,要为暴秦二世而亡负责。当然,此时还是有人肯定他在富国强兵方面的贡献和改革的勇气。越到后世,就有越多的学者不提商鞅的功绩,而只抨击他的个人品质和所构建制度的道德问题。尤其在推崇人心高过利益的程朱理学占据上风之后，更是如此。一直到了清末，中国在向现代国家转型之际，肯定商鞅变法的声音才多了起来。但同时也出现了另外一种声音，近年来甚至有增强的趋势，那就是按照现代民主价值观来抨击商鞅变法中所包含的专制主义色彩。

在今天，我们该如何评价商鞅呢？一方面，我们当然应该认识到他的变法方案有缺陷，秦制缺乏价值基础也是早在汉代统治者就已认识到的，并因此重构出明儒暗法的帝国制度；到了现代，商鞅思想中明显与现代价值观不合的专制主义也确实显眼。另一方面，即使考虑到这些缺陷，我们仍可以将商鞅定位为"国家转型时期的伟大立法者"，将商鞅变法肯定为帝国制度的奠基工程。

为什么这么说呢？先从什么是立法者说起。法国思想家卢梭对此做出了回答。在他看来，真正的法律必须是民众为自己制定的，如此民众才是幸福而自由的，这样的法律体现的也必然是公意。但问题是，特定时空中的人群对于公意的判断未必是明智而正确的，"人永远是愿望自己幸福的，但是人民自己并不能永远都看得出什么是幸福"，如此才需要立法者的出现，让民众认识自己真正的愿望，为他们发现能适合于各个民族在当时的最好的制度规则。

商鞅扮演的就是卢梭说的立法者角色。春秋战国之交的中国，需要有一种新的制度类型来处理人与自然的关系，以便为人赢得最大化的生存机会。在那时，以土地为支撑点、以所有权与统治权合一的君权为核心来构建帝国，是时代的内在要求，目的在于帮助现有的人口对外夺取额外的土地、对内采用更有效率的激励制度。这样一种历史的要求，事实上就是卢梭所谓的"公意"；这样的公意对于那个时代的人群个体来说，只能模糊地感觉到，却未必能准确地表达出来，或者即使能表达出来，也未必能予以实施。正因如此，秦孝公与商鞅这对明君贤相的因缘际会，在秦国发动大规模变法，事实上就是在执行公意，为整个中华帝国立法。

那么，商鞅是不是像有人抨击的那样，是一名帮助自私君主荼毒天下的帮凶呢？确实，这样的帮凶在历史上比比皆是，商鞅的许多说法和做法也确实可以这样去理解，或者被后世君主这样利用。但作为帝国来临时代的立法者和伟大的政治家，商鞅并非如此简单。事实上，商鞅赞成的是用帝国时代具有合法性的君主专制手段，为那个时代人群的生存服务，而不是单纯为君主的私心效劳。他坚决反对君主私天下之利，明确声明君主应该"为天下人位天下"，"为天下治天下"。

商鞅变法奠定的帝国制度当然是专制制度，但要从立足于偶然与任性的国家制度形成中看到其中的合理性。要看到，人类所有的民族，在脱离城邦后都在走向专制帝国。它肯定不是单纯由某个人的自私之心或邪恶欲望造成的，而是包含着历史合理性，那就是帝国制度在特定时期有利于人的生存需要。拿今天现代国家的标准，去衡量历史上的帝国，犯的是时代误置的错误；但在今天若想恢复秦制，那又是开历史的倒车。因此，今天我们说商鞅，不是要恢复商鞅变法中那些不适用于现代国家的思想和做法，而是要体会在国家转型的伟大时代需要有伟大的立法者这一根本性的历史要求。

小结

"初税亩"只是中华国家向帝国转型的一个财政标志，真正为帝国奠基的是商鞅变法。百代都行秦政法，作为立法者的商鞅，他铸造的帝国制度体系，沿用了二千多年。

在本章中，以下几个方面值得重点关注：

一、商鞅变法最大的特点，是坚持了体系化的原则，在有效的民众与统治集团组织基础上，建立起完整的体制结构，包含财经、行政、文化等诸多方面。

二、商鞅在一套实然政治的价值观指引下实施变法，这样的价值观包括：肯定私利为人性的基础；主张进化的历史观；认为法治优于德治；推崇对外的积极竞争。

三、商鞅及其变法措施是有缺陷的，特别地包含了不容于当下的专制主义思想。但是即使考虑到这些缺陷，也不得不承认商鞅是中华国家在帝国来临之际的伟大立法者。

第 **贰** 部分

舍地而税人，
在帝国本性与管理能力之间两难。

帝国初兴

轻田租：
为什么汉初减税没有想象中美好？

在有关中国古代的历史书上，有一个不绝于耳的说法，鉴于秦代横征暴敛的教训，汉初统治者采取与民休息的政策，实行"轻田租"，大幅度地减少田租（又称田赋）的征收。通过"履亩而税"收取的田租，汉高祖刘邦把它的比例从秦代的十税一降到十五税一，到文帝、景帝时期降到三十税一，其间甚至有很多年不收田租。历史学家吕思勉先生说，这样大规模的减税措施，在中国历史上就发生过这么一次。近些年来，有不少财政学者纷纷运用这一历史经验来鼓励和称赞政府的减税行为。

作为纳税人，恐怕没有人不喜欢减税。可是，个体的理性有时可能导致集体的非理性，减税这种对单个纳税人有利的事情，对国家整体来说却有可能是一场灾难。西汉初年的这场减税行动，虽然在历史上有积极的意义，但却没有我们想象中那么美好，因为它最终把税负落在了没有能力的人身上，引发了更大的危机。

不能把税收看成单纯的掠夺

在清代学者沈德潜编选的《古诗源》一书中，开篇诗作是《击壤歌》："日出而作，日入而息。凿井而饮，耕田而食。帝力于我何有哉？"这首中国人熟悉的诗，反映了很多人骨子里对无政府无税收的想象。可是，如果没有政府出面行动（"帝力"），社会中就会有流氓的滋扰，有土匪的打劫，更会有北方游牧部落的入侵，传说中唱这首诗歌的老农也就不可能有快乐的生活了。所以，我们不能把税收单纯看作统治者对老百姓的剥削与掠夺。缴税的目的，是为了让国家能够做它应该做的事情，履行公共的职能。说到底，国家是为了人的生存与繁荣才存在的。当然，如果统治者征税比率过高、征收方式不当，或者把税收纯粹用在自己身上，那确实是剥削。但剥削性并不是税收的本性，公共性才是。

前面说过，帝国这种国家类型，是人类在特定时期的一种创造，它的制度安排是将土地的所有权交给君主，让他借此建立统治权，以君主个人对自己和家族负责的积极性，来达到推动整个国家治理的目的。在帝国时代，君主代表国家出面征税，不应该也不能说是把天下所有的利益都奉献给了他一人。唐代大臣张蕴古跟唐太宗说，"故以一人治天下，不以天下奉一人"，说的就是这个意思。虽然不是所有的君主都一直这么做，但在帝国理念上却都是这么认为的。所以将"惟以一人治天下，不以天下奉一人"作为座右铭的雍正皇帝才说："上自郊庙、社稷祭祀大典，下至百官之俸、吏役之需，外而兵丁之粮饷，河防之修筑，何事不取资于国帑？"上到祭祀费用，下到官吏俸禄，对外军费钱粮，对内水利治理，哪一件事情不要财政花钱呢？

减税固然让人高兴，可如果因为减税，田租很轻导致国用不足，秩序没人维护，水利没人维修，受灾无人赈济，那最终受损的还是老百姓。正如雍正皇帝所说："经画不周，以致国用不敷，必反致于重累百姓。"

汉初减税的真相

汉初减税的原因，当然有吸取秦王朝横征暴敛以致灭亡教训的因素，但其实更多的还是因现实征税能力缺乏而导致的无奈之举。

秦代的田租为十税一，汉初为十五税一。严格地说，两者都是比例税，要根据土地出产的粮食数量，由国家跟老百姓每家每户分成收缴。可是，在秦末战争之后，广大国土上人烟稀少，对这些人占有的土地实行"履亩而税"，需要投入极大的人力与物力。在那个时候，土地丈量靠跨步子，账册管理靠竹简木简，具体办事的人员基本不识字。可以想象，在当时，田租应收未收或者乱收的情况普遍存在，而且偷税漏税的情况肯定非常严重。

于是，在实践中，与其维持十税一或者十五税一的空名义，不如把名义税率降下来。就像在2001年以前，俄罗斯实行最高税率为30％的累进个人所得税，但由于偷逃税情况严重，税收管理水平低，国家实际上收不到多少税。所以在2001年，俄罗斯干脆实行单一比例的个人所得税，还把税率降为13％。这样一来，税率低了，人们偷逃税的动机大大减少，税收管理也变得相对简单，国家的个人所得税收入反而得到了增加。

所以，汉初大幅降低田租比例，固然有与民休息的考虑，但更多地就像2001年俄罗斯个人所得税改革那样，是对征税技术与管理能力的让步。为了进一步方便征税，到了汉武帝末年，将三十税一的分成制，在现实中改成每亩缴纳固定的田租数额。就是说，按照常年应产量和三十税一的比例计算每亩固定数额田租，然后要求农民根据田亩面积与每亩固定田租额计算应缴纳额进行缴纳。遇到收成好的年份不增加田租额，收成不好的年份未经皇帝批准也不减少。

正路不通走旁路

为什么说西汉初年的减税，最终可能引发更大的危机呢？这是因为如果减税使得正税不足，而国用又要用钱，那就不得不想其他方法增加收入，甚至走"歪路"。在前文中我说过，现实中的税柄就三个，所以要么税人，要么税地，要么税商。既然帝国正统收入税地（即田租）在减税，那增收的途径就必然要转向税人或者税商。税商的问题，到后面的章节再细说。先来看汉初减税之后，征税转向税人带来的消极后果，那就是把税收负担加在了没有能力的人身上。

为什么国家在田租减税后，要转向以人头税作为主要收入形式呢？在西汉那个时候，人总是呈现集中居住的状态，这样才安全，也比较容易开展生产合作。对国家征税来说，点人头也比计算土地面积容易，而且管理上有户籍制度的支持。商鞅变法时已把全国人口编入国家的户籍，而且把户籍编制和田地登记结合起来。各诸侯国后来的做法，其实跟秦国都差不多。到了汉代，户籍编制更加严密，叫"户版""名数"，内容包括户主姓名、籍贯、住址、爵位、职业、年龄、妻子、兄弟、姊妹，以及牛马、田宅、奴婢、车辆的数量和价值，有的还登记身长、肤色等。有了这样的户籍基础，国家就能点人头征收人头税。

在西汉，针对成年人（15—56岁）每年要征收算赋（每人120钱，商人和奴婢每人240钱，奴婢由主人代缴），针对儿童（7—14岁）征收口赋（每人每年20钱，后来增加到23钱）。另外，对不愿意亲身为国家服兵役的农民还征收代役金，对不愿意服力役（工程劳役）者征收更赋。这样，通过税人即人头税收上来的钱，事实上远远超过了田租。这种减轻田租而改征算赋、口赋的行为，史书上称为"轻租重赋"或者叫"舍地而税人"。算起来，汉初的农民，虽然遇上了减税，可负担并不轻。这一点，连那个篡了西汉政权的王莽，都看得明明白白。他说："其名三十，实十税五也。"意思是，名义上说是三十税一，实际上税率达到了50%。

豪强的壮大与流民的危机

征收人头税最大的优点在于简便，只要点人头就行；最大的缺点是不公平，不管阶层的差异，穷人还是富人，每个人缴纳的税收数量都一样（每位成年人120钱）。不公平的人头税加上田租减税对不同阶层的影响，引发了汉代豪强的壮大和流民的危机。

豪强地主手中有很多田地，他们享受到了减税的优惠，只需要承担三十税一的田租。税负如此轻，可收益巨大。他们把自己的土地租给佃农，收取50%的地租，或者利用农奴、庄客耕作，直接获取农业收益。在田租基础上，豪强地主再按家庭人口（包括奴婢）计算缴纳人头税，这点税收相对于他们的财产来说极为轻微。这还是以豪强地主不偷税逃税为前提。在现实中，豪强地主常常利用手中的权力或者勾结上上下下的官吏，逃避已经很轻的田租与人头税，并不断兼并更多的土地。这样一来，豪强地主从农业中获得的财富并未成为国家的有效税源，他们的财富积累也得不到税收的有效控制，以至于越来越多，势力不断壮大。

对普通农民来说，土地少，享受不到多少减税的优惠，可要缴的人头税跟富人一样，于是税负就重了。当然，在汉代刚开始的时候，情况还不算太严重。因为那时人口少，国家手中荒地多，国家就给农民大量授田，标准是一夫授田百亩（承秦制，宽1步长240步为1亩），有军功者按爵位从低到高依次增加。所以，几乎所有的劳动力最初都有国家授予的土地，对人征税多少等价于对土地征税，问题还不大。前面我说过，这是以曲折的形式来达到"履亩而税"的要求。可是，一旦和平年代持续下去，经济发展，土地就会发生流转，有不少农民会失去土地。要么是因为灾荒或疾病致贫，需要卖地救急，要么是因为汉代的厚葬风俗，需要卖地筹资安葬亲人，还可能是因为被地主豪强逼迫，不得不卖地。农民一旦失去土地，就没法从事生产，更没有钱去缴纳前面说的人头税。

缴不起人头税，农民只好逃亡。逃亡之后，要么到豪强庄园里成为农奴，要么就在大地上流浪成为流民。成为农奴，为豪强从事农业和手工业生产，会让豪强的势力越来越强；而在大地上流浪，虽然逃掉了人头税，但流民生存艰难，甚至大量死亡，社会也因此动荡不安。无论是西汉末年的绿林、赤眉起义，还是东汉末年的黄巾军起义，背后的力量都是无数的流民。最终，流民冲垮了大汉帝国。

所以，对帝国来说，汉初减税带来的轻田租，使得正式收入不足，正路不通走旁路。"舍地而税人"从短期看比较方便，但从长期看问题会越来越多，越来越大，最终引发严重的国家危机。

小结

西汉初期国家实行减税政策。这次减税虽然有与民休息的作用，但不值得过去史书那样的夸奖，也没有今人想象的那么美好。

本章内容至少有以下几个方面值得重点关注：

一、不能把税收单纯看作国家的掠夺，财政收入减少可能会导致国用不足，影响国家承担应有的公共职责。

二、汉初减税确实是吸取了秦王朝的教训,避免横征暴敛,但更重要的原因是对汉初征税技术与管理能力的让步,是统治者的无奈之举。

三、由于正税田租的减少,汉初政府不得不"舍地而税人"以弥补国用,带来了税收负担的不公平。豪强地主充分享受了减税带来的好处,财富越来越多,却没有成为国家的有效税源。可对老百姓来说,由人头税施加的税收负担并没有减轻。

四、"舍地而税人"带来了现实中对人头税的依赖,而人头税负担一旦落在没有土地的农民身上,就会带来严重的危机。这些农民要么被迫托庇于豪强庄园成为农奴,壮大了豪强势力,要么成为流民,成为社会动荡不安的因素。

财政政策：
桑弘羊为什么支持积极治理？

说到中国古代国家的治理方略和财政政策，我们首先想到的词汇可能是"清静无为"。在一种刻板印象中，似乎古代执政者的理想都是"垂拱而治"。本章我要以汉代财政大臣桑弘羊为例，说一说中华帝国财政政策中其实一直包含着的积极治理的思想。与此同时，我还要让你了解一位执政大臣是怎么有意愿也有能力摆事实、讲道理的。此外，像工商业这样貌似现代的经济活动，它所具有的重要意义其实早已被古人透彻地了解，并不需要今人穿越过去教育他们。

盐铁会议与桑弘羊

桑弘羊的思想主要体现在《盐铁论》中。这本书是汉宣帝时期（前 74—前 48）一位叫桓宽的学者写的，取材于汉武帝去世后 6 年（前 81）在首都长安召开的"盐铁会议"上形成的文献。这场会议的主题，是讨论要不要废除已实行很长时间的盐铁国家专营政策，进而扩大到讨论治国方略与意识形态。会议的参加者，一方是民间知识分子，根据来源地区的不同，他们被分别给予了"文学"或"贤良"的身份，另一方是长期主管财政政策的桑弘羊及其团队。在这场火药味浓浓的大辩论中，双方都有精彩的表现。我在这一章先专门说桑弘羊。

桑弘羊出生于洛阳，父亲为当地的商人。在 13 岁时，他就以计算能力突出被选拔进入官员队伍，作为侍中陪伴当时的太子（即后来的汉武帝）读书，后来逐步升迁至主管国家财政事务的大司农。桑弘羊长期执掌财政大权，多次主持财政改革，为汉武帝实施对外军事行动与对内国家治理，提供了大量的财政资源。在盐铁会议召开时，他作为汉武帝的托孤大臣，任职御史大夫，即副丞相，负责纠弹文武百官，相当于当代的国家监察委主任兼唯一副总理。

这样一个大人物，在我们的印象中应该是一个喜欢以权势和地位压迫人的典型啊，或者至少应该是一个不学无术者吧，因为他从 13 岁开始就进入公务员队伍了，哪有空读书？可是，桑弘羊在盐铁会议上表现出来的，是一位坚持以理服人而非仗势欺人的学者型官员的形象。在探讨是否要废除行之多年的盐铁国家专营政策时，桑弘羊并没有用"现实需要"做借口，轻易地打发文学贤良的质疑，而是坚持摆事实讲道理，甚至大量地引用经典著作为论据。在《盐铁论》一书中我们可以发现，他引用了《论语》18 次、《孟子》5 次、《诗经》8 次、《春秋公羊传》7 次、《管子》6 次，还多次引用其他经典。他的博学与理性，以及对经典作品的熟悉程度，丝毫不亚于饱读诗书的民间知识分子。哪怕在论辩中受挫，甚至被当面指责为贪利忘义时，他也表现得非常有风度，而不是恼羞成怒。书中多处说，桑弘羊"默不答也"，"抚然内惭，四据而不言"。

积极治理的财政政策

在汉武帝时期，通过对外征伐和内部绥靖，中华帝国的基本生存空间与政治秩序已经奠定。此后，国家职能应该实行积极主义还是消极主义？这个问题的答案决定了财政支出额的多与少。盐铁会议的参与者们对此展开了激烈的讨论，在两千年帝国史中这个问题也被反复地提起。

桑弘羊持有积极的国家职能观，提倡运用暴力与法治的工具，来实现对外的安全保障和对内的秩序维护，并要求积极地干预经济与社会。基于此，他强烈地主张采用大规模财政支出的方案，要求从多渠道去筹集财政收入以满足支出的需要。这样一种对扩张国家职能的信心以及对积极财政政策的主张，让今天的一些政治家与财政学者引为知音。

桑弘羊说，国家要对外取得安全，就必须有强大的武力与充足的防备，因为外部的敌人不会因为我有德就服我，但会因为怕我而服从我。在他的理性计算中，对外军事行动，不仅是防范侵略的需要，而且在经济上也有收益："边郡之利亦饶矣！"国家对内要实现秩序稳定，也必须积极利用刑罚的力量，就像耕田时必须除掉有害的草才能种好庄稼，在维护社会秩序时，也只有让坏人受罚才能让好人高兴。虽然为了维护基本秩序而扩大运用刑罚的力量，可能会出现吏治等方面的问题。但在桑弘羊看来，这些问题的解决仍需要国家的行动和惩罚的手段。在桑弘羊的心目中，通过国家的积极治理，社会和经济就能达到理想的状况，比如说百姓丰衣足食，自然灾害消失，没有盗贼，没有流民，大大小小的官吏都廉洁奉公，所有的人都安顿得好好的。对于民间知识分子强烈要求减少财政支出进而降低财政收入，他表示非常不满，认为这将使国家职能无法实现。他说，如果有办法不花钱就能"安集国中，怀来远方，使边境无寇虏之灾"，那废除所有的租税都可以。可问题是，这根本办不到。

富国非一道

桑弘羊要实行积极治理的财政政策，就必须想办法解决财政收入问题，就要开发财源。今天的我们常有一种印象，以为古人尤其是古代的执政者没有认识到工商业活动对于国家富裕的重要性，所以才会去错误地实施重农抑商政策。桑弘羊在盐铁会议上的言论告诉我们，这种印象是错的。

桑弘羊明确地提出，富国并非只有农耕一条路："富国何必用本农，足民何必井田也？"他看到，有许许多多的富裕城市跟个人，都是通过工商业致富的。工商业的财富来自流通和自愿交易："财物流通，有以均之。是以多者不独衍，少者不独馑。"用现代经济学的话来重新解释桑弘羊的想法就是，工商业对于国富之所以有作用，是因为工商活动能有效地动员和集中大量资源，有利于展开市场分工，再加上自愿交易可以改善双方的效用，于是资源就可以投入更有效率的使用中，并带来经济的发展和国家的富裕。

当然，桑弘羊的观点并不是凭空出现的，它来自对姜太公、管仲等更早学者思想的继承。这样的观点后来又启发了宋代王安石等执政大臣，并在晚清洋务运动时期成为财政政策转向甚至国家转型的理论渊源。就是说，发展工商业以实现国家富强的观点，一直内在于中国国家治理的传统中，并成为支持近代国家转型的思想资源。

面对工商业带来的巨大财富，桑弘羊认为财政应该将其作为收入的源泉，这样才能满足积极治理带来的支出需要。在"财政之眼"一章我提到过，中国自古以来都利用"税商"方式获取财政收入。税商有三种形式，即征税制（放开让民间商人经营，用税收形式获取收入）、官营制（国家出面经营获取利润，若国家作为垄断经营者则称为国家专营制）、许可制（向获得特许的民间商人收费作为收入）。桑弘羊的建议是，对工商业实行官营。这种官营，既对盐铁这样的特殊商品实行，又对一般商品实行。对特殊商品实行的是国家专营，国家作为唯一的经营者，可以在自愿买卖形式的掩盖下，通过提高盐铁价格来增加财政收入。由于像盐铁这样的商品需求弹性比较低，即使经营者提高售价，消费者的购买量也不会减少（或者减少得不明显），所以国家专营盐铁等特殊商品可以获得暴利。桑弘羊认为，这么做可以在增加财政收入的同时不增加民众的负担。"有益于国，无害于人。"而对于一般的商品实行官营制（即"均输"政策），他认为这么做也能以商业利润的形式增加财政收入。

通过盐铁专营实现国家治理

在汉武帝时期由桑弘羊主持的众多财政改革中，特别重要的一项就是盐铁专营，实际上本次会议正是为此专门召开的。在后世，桑弘羊的盐铁专营政策一直被批评为是"与民争利"的残暴措施。时至今日，仍有许多学者对此政策中的专制主义色彩耿耿于怀，认为这么做破坏了市场秩序。这些批评固然有一定的道理，不过我要强调的是，桑弘羊之所以采取盐铁专营的财政政策，除了上面说到的增加财政收入的目的外，还有更深的国家治理方面的考虑，那就是把盐铁专营当作实施积极治理的财政工具。

桑弘羊认为，盐铁等具有暴利的商品若由国家专营，就可以实施统一的标准化管理。用今天的经济学语言来描述就是，可以消除或减少信息不对称状况。这么做可以给社会带来很多的好处，如价格稳定、规格一致、杜绝欺诈行为等。他说，由国家专营，干盐铁这一行的官吏都是专业、懂行人士，可以给老百姓提供物美价廉、规格统一的产品；哪怕是小孩子去买盐买铁，也不会受到欺骗。

不过这些还不算最重要，他认为最重要的是，盐铁若由国家专营的话，就可以防止社会势力的失衡。他说，像盐铁这样的商品如果落入私人手中，他们会因此获得暴利，聚集巨额的财富，并发展成为压迫小民、危害国家稳定的豪强。所以，盐铁专营并非只为财政收入，更主要是为了抑制豪强的势力、维护国家的稳定。他举例说，那些聚在山中开采铁矿、冶炼铁器的人家，或者在海边煮盐的人家，往往一聚就是千人，"成奸伪之业，遂朋党之权"，为此可能带来大祸。应该说，防范社会势力的失衡，永远都是公共管理的目标。只是今天的我们知道，私人势力会不会发展成为压迫小民、造成社会不平衡的豪强，关键不在于私人的经济状况，而在于用来制约私人势力的政治与法律状况。只要政治权力能真正为民所用，法律公平公正，私人经济势力再强，也会受到公共权力的有效约束，而不至于沦为破坏社会平衡的恶势力。不过，这些现代国家才有的特征，盐铁会议上的桑弘羊是不可能认识到的。

小结

在盐铁会议上，曾经的财政大臣、现在的御史大夫桑弘羊，他的表现相当程度上颠覆了我们对古代高官的刻板印象。当然，这并不是说桑弘羊的观点都是对的。事实上，在盐铁会议上文学贤良对他进行了尖锐的批评。具体我到下一章再来说。

在这一章至少有以下内容值得重点关注：

一、作为大权在握的官员，桑弘羊在盐铁会议上并没有仗势欺人,而是坚持以理服人,显得理性、宽和、博学。

二、桑弘羊对于用财政政策实现国家积极职能的效果充满信心,他的理念不只影响了汉代,而且还深刻影响到后世帝国的治理。

三、在财政上,桑弘羊积极肯定工商业发展的国富效应和收入意义,这样的观点影响到后世王安石等执政大臣的行动,也为晚清中国的财政转型甚至国家转型埋下了伏笔。

四、桑弘羊主张盐铁由国家专营,考虑的不仅是增加财政收入,而且还把它作为抑制豪强势力、维护国家稳定的工具。

国家专营：
文学贤良为什么反对桑弘羊？

公元前81年盐铁会议上的桑弘羊，赞成积极治理的财政政策，为此支持扩大财政收入以满足支出需要，主张用官营制从工商业活动中获取财政资源，并特别坚持对盐铁等暴利性商品实行国家专营的既定政策。盐铁会议上的另一方，文学和贤良，他们的观点与桑弘羊的看法针锋相对。两种观点一直存在于后世财政的发展过程中。

文学贤良与盐铁会议

文学与贤良，是汉代选拔有学问、有品德的读书人出来做官的两种途径。就本次盐铁会议而言，文学全部选自函谷关以东各郡国的儒家知识分子，贤良基本上选自首都长安附近的儒家知识分子。在《盐铁论》一书中，作者桓宽采取典型角色的方式，并没有列出这些来自民间的知识分子在发言时具体的姓名，而统一用"文学""贤良"作为他们的代称。

提到儒家知识分子，你会有怎样的印象？今天有许多人将儒家知识分子与专制政治挂上钩，或者认为他们大多数只会唱唱理想主义的高调。当然，也有人在理念上可能会喜欢儒家倡导的不扰民、不与民争利的主张。这些印象，虽然大多事出有因，但并不全面。今天我讲讲盐铁会议上的文学贤良，看看能否改变一些刻板印象。

在盐铁会议召开时，中国政治中的专制程度还没有后世那么深，自先秦留传下来的学者间自由论辩的意识或学术风气还未完全消失。在会上，文学贤良与桑弘羊这样的高官尽管地位悬殊，但对话时却始终处于平等的地位。在辩论过程中我们可以看到，对话者不断地为自己的观点提供论证，同时批驳对方的观点。古希腊学者柏拉图认为，辩论或者对话这样的方式，是发现真理的过程，所以他的几部传世著作都是用对话体写的。《盐铁论》一书也为我们展现了通过平等对话来发现真理的过程，所以类似柏拉图的对话体著作，在中国古代也是存在的，不要看不起中国的古人。要知道，这样的著作不仅是一种文本方式，更是自由学风与民主氛围的象征。文学贤良在会议上就说，相互辩论的关键是发现道义之所在，要"从善不求胜，服义不耻穷"，不是谋求口头的胜利。如果只是用言辞迷惑别人，仅仅期求在辩论中胜过对方，是不值得称道的。在会场，文学贤良表现出中国人对士人的一贯期待，即不畏强权，直言批评。比如他们批评在位的执政者"见利不虞害，贪得不顾耻"，说他们"无仁义之德，而有富贵之禄"。明代学者张之象就对文学贤良的这一风貌向往不已，认为文学、贤良"直诋公卿，辩难侃侃"，可以称得上是"国士"。

在《盐铁论》文本中，文学贤良高调的理想主义与桑弘羊他们理性的现实主义形成了鲜明对比。越是到后世，特别是在科举制度诞生后，就有越多的人讨厌儒家知识分子的不通实务。在这场会议中，我们也能看到桑弘羊认为文学贤良迂腐、不通实务，不知道怎么治理国家而只会打嘴仗，如果从政，一定会"昏乱不治"。桑弘羊他们的看法以及后世类似的看法当然不算全错，但需要注意的是，文学贤良之所以跟他们发生争论，主要源于双方地位的不同，而不是理性主义与实务操作的区别。文学贤良作为在野人士，他们承担的职责主要是批评，批评依据的自然是某种理想原则，因此他们对政治以及辅政大臣的要求也较多理想化的色彩。事实上，文学贤良来自民间，对现实状况十分清楚，他们的言论也并非纯粹的空谈。比如在会议中，他们一再说到民间的困苦状况，说农民一年到头尽力耕作也没法养家糊口。而桑弘羊呢，他作为执政者，自然用所谓的"现实"来维护既定的政策与施政行为。不过，正如上一章所说，为了给自己辩护，桑弘羊同样援引了典籍以作论据，而并非全用"现实"做理由。只不过，执政集团所援用的典籍，多是出于行政方便，而文学贤良所引用的则多近于政治原则。由此造成了《盐铁论》文本表面上的现实主义与理想主义的差别。所以，盐铁会议上双方的言辞冲突，都是以现实问题为对象的，双方立论的根据都是他们所掌握的现实。

消极职能与重农主义

作为儒家知识分子的代表，文学贤良坚决主张财政政策应采取消极职能的定位。他们承认，安全与秩序的需要在国家职能方面确实有地位，但不赞成桑弘羊主张的积极治理的手段，因为那样会带来巨大的开支并给民众施加严重的负担。他们声称，只要对外、对内都采取消极的职能定位，就可以减少财政支出并因此减轻对民众的财政征收水平。

文学贤良强调，对外扩张不应是积极的力的征服，而应是消极的德的感化，用和平的手段处理问题，因为"文犹可长用，而武难久行也"。事实上，文学贤良并不反对国家的扩张，只是认为应该用文化渗透而非武力征服的手段。特别地，他们提出了帝国扩张的自然边界问题，即国家扩张到一定程度，为扩张而付出的（边际）成本已远高于（边际）收益，继续扩张并不合算，"今去而侵边，多斥不毛寒苦之地，是犹弃江皋河滨，而田于岭阪菹泽也"。就是说，文学贤良在考虑对外扩张问题时，并非纯从理想主义高调出发，事实上也有冷冰冰的功利计算在内。

在对内治理方面，文学贤良认为国家职能最为重要的是要使人民有品德（仁义），而不是追逐利益与效率。因此，治国的关键在德治，即在上位者的模范带领下，民众自觉遵循各种"德"的要求，从而达到天下大治。他们反对桑弘羊采用刑罚手段治理国家，认为这么做"能刑人而不能使人廉，能杀人而不能使人仁"。国家如果采用相对消极的德治感化手段，自然对财政支出的要求就很小，治国者也不再需要采用种种与民争利的手段来增加财政收入。

相对于桑弘羊对工商业财政地位的重视，文学贤良对此时帝国的农耕基础，有着更为清醒的认识，因而持有重农主义的态度。他们认为，"衣食者民之本，稼穑者民之务也。二者修，则国富而民安也"。文学贤良对工商业的认识，也完全是从工商业对农业的重要性上来看的，比如盐可供人食用、铁器可帮农民耕田。他们主张实行抑商政策，反对将发展工商业作为国策，也因此反对将其作为财政收入的重要来源。

文学贤良之所以反对桑弘羊将工商业作为财政收入的来源，原因至少有两个方面：一方面，工商业的发展会败坏社会风气，破坏社会的道德基础，"散敦厚之朴，成贪鄙之化"；另一方面，在成为政府及大小官吏盘剥百姓的工具方面，工商业显得更为便利。

反对盐铁专营

对于本次会议的主题,即要不要废除汉武帝时期实行的盐铁专营政策,文学贤良坚决要求废除,并要求将盐铁等暴利性商品放开给民间经营。这样的主张,在今天被一些持有经济自由主义思想的学者高度赞赏。不过,我们要看到的是,文学贤良并不是出于什么理念才这么说,而是由于认识到盐铁等暴利性商品由国家专营存在着以下的弊病。

第一,对盐铁等暴利性商品实行国家专营,严重伤害了老百姓的利益。盐铁专营,虽然以自愿交易为形式,但却不像桑弘羊说的那样不影响百姓的生活。一方面,它剥夺了民众的财富,毁坏了国家的财源基础。因为,"利不从天来,不从地出"。国家用盐铁专营取走的利一定来自民间,而用自愿买卖作为掩盖形式,就像愚蠢的人在背柴火时为了不伤害毛而反穿裘皮大衣一样,保住了毛却伤害了皮("无异于愚人反裘而负薪,爱其毛,不知其皮尽也")。另一方面,强制性地统一、标准化管理盐铁,也会严重影响百姓的生产和生活。比如,各个地方的耕地土力不同,但官营铁器行只提供一种规格的农具,农民没法做到因地制宜。

第二,盐铁由国家专营,事实上超出了官员的管理能力。一方面,大小官吏并没有真正的能力来经营盐铁业,而只是将盐铁经营简单地转化为民众的财政负担,比如让民众无偿地为他们运输盐铁以节省成本,甚至按户征收生铁来提高产量。另一方面,各级官吏并没有能力从盐铁经营中获利,而只是简单地抬高盐铁价格,用垄断的力量获取暴利,最终导致盐铁的价格都非常昂贵,百姓无力消费,于是尽一切可能少吃盐,甚至用木头去耕地。

第三,对桑弘羊最为看重的用国家专营盐铁来抑制私人势力、维护社会平衡这一点，他们也表示反对。文学贤良说，将盐铁从民间转到国家手中，其中存在的暴利并未转化为国家的收入，而只是被转移到权力拥有者之手，最终使权贵阶层获得了巨额财富。他们举例子说，很多权贵在盐铁国家专营之后，运用手中的权柄，操控市场与资源，化公为私发了大财。因此，破坏社会势力均衡、影响国家稳定的，并不是盐铁的民间经营者，而是因国家专营盐铁而得到经营管理权的权贵们。他们质问，像欧冶子这样的工商户，怎么可能破坏国家的稳定？只有萧墙内的那些权贵，才会最终伤害国家利益甚至颠覆国家。文学贤良的这一批评，在今天都能得到同情与反响。

帝国财政的正统原则与非正统原则

可见，在治国理财基本问题上，桑弘羊与文学贤良持有针锋相对的观点。桑弘羊的主张主要为三条：（1）财政支出规模应该大，以支持国家履行积极的职能；（2）在经济政策上应该对工商业予以重视，并使之成为财政收入的主要来源；（3）盐铁等暴利性商品应该掌握在政府手中，实行国家专营。而文学贤良的主张则与此相反，主要是：（1）财政支出规模要小，国家在履行职能方面应该持消极主义；（2）经济政策上应该重农轻商，不应以工商业作为财政收入的重要来源；（3）盐铁等暴利性商品应该分散给民间经营，不应掌握在国家手中。

在帝国后来的发展中，上述观点不断地出现并反复交锋。有意思的是，占据讨论话语权上风并支配后世帝国财政实践的，是文学贤良的第一个和第二个观点，以及桑弘羊的第三个观点，它们构成帝国财政长期的正统原则，那就是：（1）用低财政支出规模履行消极的国家职能，实行量入为出；（2）财政上以农业收入为主，努力实现"履亩而税",并在政治上抑制商业活动、贬低商人地位;(3)将盐铁等暴利性商品掌握在国家手中,以增加财政收入。至于桑弘羊的第一个和第二个观点,文学贤良的第三个观点,在帝国财政讨论与制度实践中始终隐伏,却从未断绝,在特定时期会显现出来,甚至有时会主张自己的主导地位,它们构成帝国财政的非正统原则,那就是:(1)扩大财政支出规模以应对积极的财政职能需要;(2)发展工商业,从工商业寻求财政收入的增加;(3)盐铁等暴利性商品放开由民间经营,国家通过征税来获得收入。在我看来,财政的正统原则,决定了帝国在重建及常态运行时的主要样态;而财政的非正统原则,在帝国危急时刻更多地浮现出来,并在帝国向现代国家的转型活动中发挥主导作用。具体内容,我会在后面的章节再细说。

小结

在盐铁会议上文学贤良的表现,让我们看到了跟很多人印象中不太一样的儒家知识分子形象。他们不是专制的帮凶,不惧桑弘羊的地位,自由地展开辩论。他们也不是不通实务者,对民间疾苦所知甚多。在今天仍让我们动容的是,他们对国家专营盐铁等工商业的能力和后果,展开了尖锐的批评。

本章至少有以下内容值得重点关注:

一、文学贤良主张用最节约的支出方案、成本最低地治理国家。他们还提出了帝国扩张的自然边界问题,认为帝国扩张到一定程度后,为扩张付出的(边际)成本比(边际)收益高。

二、文学贤良强烈建议废除国家专营盐铁的政策,主张将盐铁资源交给民间开发经营。这是因为盐铁由国家专营,严重伤害了民众的利益,也超出了国家的管理能力,与此同时还不能维护社会平衡。

三、文学贤良的主张和桑弘羊的意见,共同构成了后世帝国财政运行的正统原则与非正统原则。

国弊家丰：
豪强毁掉了大汉？

在世界历史上，跟罗马帝国的衰亡一样，大致同时期的大汉帝国的灭亡也激起了无数人的思考兴趣。如此强大的帝国，因何而亡？明末清初的著名思想家王夫之有一个说法："国恒以弱丧，独汉以强亡。"意思是其他朝代都是因为军事力量太弱而亡国，可汉代在军事力量还很强大的时候就亡了国。为什么呢？

对于大汉的灭亡，过去大概有三种答案：第一种认为责任在皇帝，是皇帝个人太昏庸；第二种认为责任在后宫，即妇人干政和宦官乱政；第三种归罪于黄巾军，认为是黄巾军搅乱了国家。前两种答案是非常传统的看法，就原因来说也不算特别重要。第三种答案，我在"轻田租"一章也提到过，黄巾军的主力是由流民构成的，而流民又是因为"舍地而税人"的财政政策造成的。在汉代，流民与豪强属于一个硬币的两面，都是由财政负担设计不合理形成的。

在这一章，我为你从财政角度解释豪强的兴起，以及由豪强造成的国弊家丰局面逐渐毁掉了大汉帝国，对此汉代君主虽有心挽救却无力回天。

豪强的兴起

这里说的豪强是财政史大家马大英先生给的一个统称，是把诸侯王、外戚、贵族、大臣、官僚、工商奴隶主等都包括在内。所以豪强并不是简单的有钱人，而是一个几乎垄断了经济财富、政治权力、社会机会的凝固阶层，他们窒息了一个国家发展的活力，国家却不能对他们的财富有效地征税。

那么，这样的豪强是怎么在汉代兴起的呢？

前文提到，汉初实行大规模减税（减征田租），于是在国用上不得不依赖于征收技术简便、管理成本较低的人头税。这样一种"舍地而税人"的做法，事实上为豪强势力的不断成长埋下了伏笔。这是豪强兴起最重要的原因。为什么这么说呢？这是因为，在低田租前提下，购买田地是极为合算的买卖。于是无论是官僚地主还是富商大贾，在经济上都倾向于大量买田，坐享50%的高额地租。即使不瞒报土地数量，也只需承担三十税一的田租以及按人口计算的少量人头税。尤其是那些享有政治经济特权的官僚贵族，不但经常运用手中的特权来兼并土地，还常常隐瞒田亩以便偷税逃税。这样，豪强因投资于土地、不负担或很少负担财政义务，经济实力迅速壮大。

除了"舍地而税人"的原因外，汉代特有的货币财政形式也加剧了豪强势力的膨胀。在舍地而税人的财政政策下，汉代这个古代王朝，财政却似乎惊人的现代化，因为口赋、算赋、更赋等，都以更加方便、成本更低的货币形式征收。可要这么做，农民就必须卖出大量的农副产品或出卖劳动力，甚至举借高利贷，才能完成给国家上缴货币的财政义务。而国家在收到大量的货币后，为了满足形形色色的财政支出需要，又需要大规模地采购物资。于是客观上就要有大批的商人在农村、城镇从事农副产品收购和销售活动，或者举办高利贷。于是出于财政原因，汉代的货币经济活动惊人的发达。

如果基于货币活动发展起来的商业交换活动恰当，那是能够促进经济发展的，但汉代的货币商业经济却是畸形的。这是因为，在远离工业革命的汉代经济条件下，主要商品不是机器大生产下的工业品，而是农产品或其他初级产品。这样的商品难以大规模地根据需要有弹性地生产出来。要在这样的经济中赚钱，最好的手段就是设法"囤积居奇"，用高度投机的方式操纵市场。于是那些与权力勾结的商人或者自家就经商的权贵，依靠这样的手段来牟取暴利，严重扰乱了市场。在汉武帝支持下桑弘羊发动财政改革，虽然在一定程度上打击了私商的行为，但他的手段只不过是用"官商"来代替"私商"，并未改变大汉帝国货币财政和畸形商业的实质。与此同时，因国营商业机构效率低下，经济中就出现了文学贤良批评的诸多不良后果。在汉武帝之后，官商垄断经营的政策放松，于是以权贵为主力的私商就更加膨胀，豪强势力因此进一步壮大。

如果因财政原因而发展起来的豪强仅仅只是有钱，那问题还不大，就像文学贤良说的，像欧冶子这样的工商业者是无法威胁国家的。但是，汉代的选官任官制度进一步加重了已有的危机。在汉初，家赀十万才能为吏，后来在景帝时降为四万。从今天的眼光看，这是将经济精英纳入权力体制内，有一定的积极意义。在法律上，汉代的工商户虽然不能为官吏，但富裕工商业者可以通过购买土地成为地主，再进入官僚阶层。后来，这一限制性法律干脆也被取消。于是，富裕商人、贵族、官僚往往多位一体，或者勾结在一起。

再后来，汉帝国又进一步通过文学贤良、茂材异等途径，选拔读书人做官。在当时，由于教育机会稀缺，在没有纸张和印刷术的条件下，读书人一般都出自富裕家庭或官宦之家。在汉武帝之前，任官之人多属军功集团，但从武帝开始就有一个特殊的现象，那就是官僚贵族、豪强地主、巨商大贾、教育世家有不少处于四位一体的状态。比如汉成帝时的张禹，既是大官僚，贵为丞相，又是大商人和大地主，"内殖货财，家以田为业"，与此同时还是著名的儒生，我们今天仍在使用的《论语》通用版本就是由他勘定的。四位一体，使得豪强的势力得以进一步地加强。

豪强带来的危机

为什么说豪强有害并最终毁掉了大汉帝国呢？主要原因在于豪强带来了"国弊家丰"的局面，并因此垄断了政治、经济、文化等一切权力。

什么是国弊家丰？就是说国家财政没钱而豪强家族却极为富裕。到了西汉末特别是东汉时期，国家的整体经济水平在提高，体现为中小型水利工程不断开发，先进农耕工具逐渐推广，精耕细作的园艺技术进步明显。但这些经济发展大多集中在豪强所控制的田庄中。它们内部闭门成市，"池鱼牧畜，有求必给"，对外筑壁自守，甚至拥有自己的武装。

我们知道，在财政上如果没有有效的征税手段，孔子的名言"百姓足，君孰与不足"是不能成立的。正如在汉代尤其在东汉我们看到的，由于轻租重赋，"民"富并未带来国强；豪强庄园经济的收益，并没有成为国家的可税资源，也不能因此壮大国家的力量。国家不能有效地征税，导致要么正常治理功能弱化，要么进一步地给平民带来负担。那时的大汉，在地主豪强的庄园之外，失去土地的人在大地上流浪，社会秩序呈现出败坏的迹象。可是，国家因为收入有限而渐渐地丧失了救济流民的能力，随后又进一步地丧失了维持特定地区秩序的能力。

豪强是不会满足于经济财富的，他们还会不断地篡夺公共权力。当代有学者曾经高度赞赏说，从西汉后期开始，士人获得了土地并积累起财富，这是能够"硬性"制衡皇权的权力资源，而皇权被削弱在这些学者看来是好事。但问题是，在当时的历史条件下，皇权或者说君权是公共权力的表现形式，这样大规模地侵害君权也就伤害了公共权力的运行，威胁到国家的统一性与权力的公共性。特别是在地方上，由于国家的权力落入豪强私人之手，豪强大族才是真正的权力拥有者，朝廷任命的太守或县令往往只是名义上的官员，社会也因此陷入无政府状态中，社会秩序与贫民利益都受到严重的伤害。史书上说这些豪强"奸暴不禁"，"各拥部曲，害于贫民"。

诺贝尔经济学奖获得者道格拉斯·诺斯曾提出过一个"自然国家"的概念，意思是说一个国家的精英会很自然地设计制度，让自己垄断政治、经济、文化等一切特权，竭尽全力降低经济和政治中的竞争性，由此造成阶级的凝固和国家活力的窒息。汉代集官僚、地主、商人、教育世家于一体的豪强势力，最终发展为南北朝时期的"士族"或者说门阀阶层。士族垄断了一切政治、经济与文化机会，给国家治理带来了极为不利的后果，那时的中国也成为诺斯意义上的"自然国家"。这样的"自然国家"谈不上发展，甚至无法维持统一，正像种姓制度对印度历史的影响一样。

君主限制豪强

在帝国时期，君权代表着公共权力，因此无论出于个人原因还是共同体的要求，君主都会想方设法地抑制豪强势力，但在汉代，抑制结果并不成功。

比如，汉哀帝时的大臣师丹，就提出国家要对豪强占有的土地、奴隶数量加以限制。出身于豪强但取得皇位的王莽，深知豪强的威胁，采取了一系列"齐众庶，抑并兼"的财政措施来抑制豪强。比如，他要求豪强将超限的土地分给亲族，对奴婢征收的人头税从汉初的240钱增加到3600钱，等等。

到了东汉，借助豪强上位的光武帝，也试图通过清丈田亩来抑制兼并、增加田租，并下令解放奴婢以减少豪强的生产能力。汉明帝也曾经下令禁止豪强兼营农业和商业等。东汉还一度重新实行桑弘羊的盐铁国家专营的办法。这些几乎都是西汉的旧招。但是，面对势力庞大的豪强，这些措施都没有作用。

因此可以说，到东汉时期，就像英国历史学家汤因比说的那样——文明似乎已停止了生长。因为汉帝国没有新的制度创造去应对现有的挑战，无法解决豪强势力对帝国基础的侵蚀。

小结

大汉帝国的财政制度设计，未能将财政负担落在有能力的人身上。一方面，它带来流民问题；另一方面，它使得豪强势力不断壮大。由于豪强的存在，国家不能将现实中繁荣的庄园经济转化为可税的资源，国家因无法收税而日益羸弱，既不能维持秩序又不能救济流民。由此可知，一定要将财政负担落在有能力的人身上，要有有效的财政手段才能将民间财富转化为国家的力量。此外，治国理财一定要避免政治、经济、文化等权力垄断在一个阶层手中并日益积累成破坏国家稳定的力量。

本章以下内容值得重点关注：

一、民富不一定带来国强，汉代豪强兴起后，国家不能对他们有效征税，造成"国弊家丰"的局面，这是大汉亡国最重要的原因。

二、舍地而税人的财政政策，导致买地成为特别划算的买卖，豪强因此利用特权兼并土地，势力迅速壮大。

三、在工业革命之前商品不能大量生产的前提下，大规模货币财政导致汉代商业畸形繁荣，兼营商业的豪强用高度投机的方式操纵市场，牟取暴利。

四、由于选官任官制度倾向于选择有钱人与读书人，在汉代历史条件下，官僚贵族、豪强地主、巨商大贾、教育世家常常四位一体，如此让汉帝国成为政治、经济、文化机会被高度垄断且社会阶层凝固的"自然国家"。

五、在当时的历史条件下，君权是公共权力的表现形式，豪强以及后来由豪强发展形成的士族，大规模地侵蚀君权，伤害了公共权力的运行，造成帝国的失败甚至长期的分裂。

财富战争：
士族必须死，帝国才能生？

说到帝国，我们很容易就想到西方的罗马帝国。罗马帝国崩溃之后，欧洲再也没能统一。可是，大汉帝国灭亡后，中华为什么又能重新成为统一国家呢？中华帝国和罗马帝国，在哪里不一样？这个问题史学界早就翻来覆去地研究过了。比如，历史学家钱穆先生的看法是，罗马帝国是由中央强力征服四周造就的，而中华帝国是由四周的优秀力量共同参加中央造就的。所以罗马帝国的中央被摧毁后就不可恢复，而中华帝国的中央即使被毁也能再造。

钱穆先生的解读，能给我们很大的启发。他用宏观视角看这个问题，而我想从更具体的财政视角，再来看看这个问题。我觉得，中华帝国的再生，有个很重要的条件，那就是在南北朝时期君主赢得了与士族的财富争夺战。相对来说，北方君主做得比南方更为成功，这是隋政权由北统南的基础。

士族的危害

上一章我说到豪强在财政上造成国弊家丰的局面，最终毁掉了大汉帝国。在魏晋之际，这些豪强之中的部分新出门户和部分汉代高门，成为最高等级的士族，又称世家大族或门阀。按照历史学家蒙思明先生的说法，到南北朝时期，士族根深蒂固、压倒一切，"成为当日社会的核心"。此时，高门与寒门，或者说士族与庶族的区分，已经形成不可逾越的鸿沟。

这些士族广占耕地山泽，兼营商业和借贷活动，荫庇大量人口，从而掌握了庞大的经济资源，其中绝大部分经济资源脱离于国家的征税范围。此时的士族还垄断着稀缺的教育资源，占领了文化的高地；像王羲之这个我们今天熟悉的文化名人，他家就属于士族。士族还垄断了入仕的途径，他们操控了此时的选官制度，即"九品中正制"。在曹魏时期初创的九品中正制，本意是由朝廷设置"中正官"，给地方人才按九个等级评级，再由吏部加以选用。这个制度一开始是"良法善政"，但到后来因迁就士族利益而逐渐腐化：中正官几乎都由士族担任，定级时"上品无寒门，下品无士族"，所有的清贵职位，全被士族垄断。

这样的士族存在，严重威胁了以君权为形式的公共权力，士族甚至具备了决定政权更替的能力。比如，东晋刚建立时盛传的"王与马，共天下"，说的就是王氏家族掌握的经济资源、军事武装、政治力量，能跟司马家族掌握的皇权相当。士族就像一条大章鱼，触角延伸到了国家的方方面面，垄断政治、经济、文化机会，窒息社会的活力和发展的空间。当时有一个典型的现象，在南方，家族的地位压倒了国家，孝道比忠君成为更高的道德标准。

所以，不解决士族问题，公共权力就无法得到保障，社会无法发展，国家不能稳固，帝国也不可能实现统一。

财富争夺战

到了南北朝时期，士族开始盛极而衰。士族问题的逐步解决，有多种原因。蒙思明先生说，北方士族的崩溃主要是外来压力过大，或者说是因为入侵中原的少数民族政权武装力量过强而无法抵抗，而南方士族的崩溃是一种自然的腐烂，没有新生命的继起。前者不用多说，后者说的是南方士族制度发展出了自我毁灭的因素，那就是士族自身的腐化堕落，如平时习惯于清谈，生活放纵，不学习法令也不亲自从事实际政务，只担任那些"位高权重责任轻"的职位，以至于政治能力严重退化，实际权力也随之丧失。相反，寒族代表由于亲历政事，能力不断提高，并逐渐掌握了实际权力。

从财政方面我要强调的是，士族问题的解决依赖于君主寻找一切机会不断地打击士族，与对方展开财富争夺战。在南北方国家竞争的大背景下，谁能打赢这场财富战争，谁就能统一天下。后来的历史我们知道，胜利者是北方隋政权。

北方之所以赢过了南方，是因为北方君主与士族的财富战争，打赢了以下三仗并超过了南方：一是确认君主的土地产权；二是均平财政负担；三是竭力与士族争夺人口。

最终，北方君主掌握的财富逐渐压倒了士族，君权所代表的公共权力赢得了独立性与至高地位，帝国具备了重生的基础。

确认土地产权

君主与士族的财富战争，第一战场，发生在土地产权方面。前面说过，帝国的支撑要素是土地，君主只有打破士族对土地的垄断、依托土地产权建立起有效的统治权，才能重建以君权为核心的帝国。

在此方面，北方政权的境况明显地优于晋室南迁后形成的南方政权。一方面，北方由于长年战乱，有大量荒芜土地；另一方面，由少数民族建立起来的政权武力强悍，能够相对有效地控制土地。所以北方政权，最典型的是北魏，能够通过均田令将荒芜土地配置给民众，重建国家对土地的产权和对土地上人口的统治权。即使卑贱如奴婢，也有权直接从国家获得土地。于是托庇于士族豪强的人口，因均田令纷纷脱离出来，成为国家的编户，而士族豪强所占土地的数量则受到一定的限制。这样一来，国家对土地的产权就逐步重建起来，也因此奠定统治土地上附着人口的基础。

相对而言，在晋室南迁后，由南迁士族和南方原士族扶持下的东晋朝廷，则呈现出"主弱臣强"的局面。对于士族占有的田地，君主一开始并无有效的限制办法，但在实践中只要有机会就重申自己对土地的产权。比如东晋朝廷颁布"占山法"，就是想以承认士族占有山泽（传统上产权属于君主）这一现实为前提，限制其数额并尝试征税。后来接续东晋的几个政权，也都想方设法确认君主对土地的产权，限制士族占有土地，但效果有限。

均平财政负担

君主与士族的财富战争，第二战场在均平财政负担方面。南北方政权的财政制度在设计负担分配时，目的都很简单，那就是想办法让普通民众负担没那么重，从而愿意给国家缴税，而不是给士族当奴婢；与此同时，设法让士族的负担重一些，把他们手里的财富变成国家可以征税的资源。

北方就是照这两方面做的，也做得不错。还是以北魏为例。北魏一直在努力改革和完善田租户调制度。田租，就是我们前面说过的"履亩而税"收取的田赋，在汉武帝之后一般收取每亩定额地租。在存在技术和管理困难的前提下，北魏给每户（一夫一妇）人家分配荒地（大致授田 60 亩），然后规定每户都要缴粮食作为田租（大致纳粟二石），负担比较轻（大致为收获物的 1/30）。户调，就是让每户再缴一些纺织品。它始于曹魏时期，是将汉代的口赋、算赋、更赋等人头税合并形成的。北魏时的户调大致为帛一匹。总之，田租户调负担并不重，又有均田制为基础，而且全部缴纳实物，因此民众有能力负担，也符合当时男耕女织的经济状况。与此同时，政府还调高士族或富户的户调上缴数额，并特别规定富户的奴婢和耕牛也要缴纳租调，以便在增加财政收入的同时限制士族豪强的财富积累。

南方是什么情况呢？由于在南方有大量人口迁移，户籍资料不实，按道理按亩收田租才是最佳的征税方式，也符合帝国的内在要求。但是按亩收田租遭到士族的强烈反对和抵制，南方政权也没有能力查验土地数量。于是在东晋、宋、齐时期，国家都只能以丁口为对象收田租。可是因为南方政权难以掌握士族手中的实际人口，所以田租能收上来的很少。直到梁武帝时，君权力量增强，按亩计征的田租才开始实施。寒族代表陈霸先建立陈朝后，有意识地打击士族，在财政上更是明确按亩征租。田租之外，南方政权也征收户调，一开始要求按家庭资产评定，但在实际执行过程中也因士族阻挠而效果不佳。到梁武帝时，跟北方相似，户调也开始实行以丁口为标准征收纺织品或钱。不过，南方由于战争少，商品经济相对发达，因而商品税的收入相对于北方来说要多得多。总体而言，南方的财政负担很难落在士族们头上，政府没有办法把士族手里的财富变成国家征税的资源，于是国家手中的财政资源不多，平民的财政负担却不轻。

争夺人口

无论是北方还是南方，君主与士族之间财富战争的第三战场才是主战场，那就是争夺人口。由于长期战争，人力资源稀缺，仅有的人口又大量地被士族豪强占有，脱离于国家的编户之外。那时的士族豪强用两种方法在他们的庄园或坞堡里荫庇人口：一种是非法地隐瞒人口数，另一种是假借奴客、部曲、门生、义故等名义收容人口。

在北方，君主夺取人口的手段有两种：一方面借助均田制用荒地吸引劳动力摆脱士族的荫庇，让他们成为国家掌握的编户；另一方面，北方政权建立起三长制（即五家立一邻长，五邻立一里长，五里立一党长），用来检查隐漏户口、督催缴纳租赋。北方政权还经常发动临时性的户口检查，搜检士族掌握的人口，把他们强占的人口恢复成国家编户。此外，北方政权还利用相互战争的机会，大量解放占领区的奴隶，或者放免士族的奴隶，将其作为平民编入户籍中。

与北方相似，南方政权也在不断地进行户籍整顿，完善民间基层组织，检查士族豪强隐匿的流亡人口。此外，相对于北方政权来说，南方还有一个特殊的地方，那就是有一大批跟随晋室南迁的北方人口。南方政权原来对他们实行优待，不征收租税，也不派发徭役。后来南方政权推行土断政策，让这些侨居南方的人口着落在土地上，同土著户一样成为国家的正式编户，承担相同的赋税和徭役义务。总的来说，南方政权也在想方设法从士族手中争夺人口，可成绩远远不如北方。

小结

南北朝时期帝国的逐步重生，是在君主赢得与士族的财富战争基础上发生的。这场战争主要有三个战场，在三个战场上，北方的成绩都远远超过南方：一是重申国家对土地的产权，北方政权的均田令尤为有效；二是通过减轻财政负担来鼓励民众脱离对士族的依附关系，并加重士族的财政负担，相对来说北方普通民众的负担更轻；三是通过基层政权及大规模人口检查，对户籍进行全面整顿，北方的三长制和通过战争放免奴隶让国家控制了更多的人口。在杨坚建立隋王朝之后，这场财富战争也未结束，实际上一直延续到唐代中后期。士族最终被消灭，除了在财富战争中君主获胜外，隋唐时期技术与管理因素（造纸术与印刷术的推广、科举制度的运行）也发挥了很大的作用。唐宋之间，士族在经济财富、文化教育、国家公职等领域的垄断基本被打破，士族高门彻底走向消亡。中华帝国至此真正进入平民时代，政治、经济、文化领域有了一定的竞争性，并向平民开放了一定的机会，由此造就了帝国的辉煌。

本章内容中以下值得重点关注。

一、解决士族阶层的固化及其垄断政治、经济、文化等资源的问题，是中华帝国能够再生的重要条件。

二、解决士族问题的主要办法，是君主和士族之间发生的财富战争。只有代表公共权力的君主获胜，帝国才有继续生存发展的可能，并赢得统一的机会。

三、在确认土地产权、均平财政负担、争夺人口三方面，南方政权都没能占上风，最终隋政权实现了从北向南的国家统一。

四、这场财富战争是持久战，直到唐代中期以后，士族高门才彻底地消亡，帝国才真正地进入平民时代。

第叁部分

落实税地,
以税商探索来应对帝国危机。

帝国成长

均田制：
调整田制的目的到底是什么？

在君主与士族之间的财富战争中，身处北方的北魏政权推行了均田制。到了隋朝与唐初期，政府又分别实行过均田制。均田制以及与此相关的田制调整，是理解中国财政史乃至中华帝国制度设计的重要切入点。由此出发，可以看明白千百年来，帝国来来回回地调整田制，到底是在干什么。

什么是均田制？

均田制有个"均"字，但它做的不是平均地权，更不是"打土豪、分田地"。虽然它涉及国家对田制的调整和对田地面积的一定限制，但主要内容是将国家手中掌握的荒地按一定标准配置给民众，把人绑在土地上。荒地有人开垦了，农业生产可以发展，人口也进入国家编户，这样国家才能有效征税。

为什么这么说呢？先来看看均田制的大概内容吧。

关于均田制，史书上主要见于北魏之后的北方政权以及隋朝与唐王朝的初期。由于长年战争的摧残，土地荒芜，人口或大量流亡，或荫庇在士族豪强的庄园中。此时国家用均田令把手中的荒地配置给民众，可以达到发展农业生产、削弱士族豪强势力的目的，还顺带解决了地方政府的办公经费问题。在此制度运行过程中，君主也确立了自己对土地的产权。事实上，均田制虽然对士族豪强占有土地有所限制，但在重新分配土地方面，并没有起到太大的作用。

比如，北魏孝文帝实行的均田制，就是对 15 岁以上的民众，无论男女都授露田用于粮食生产，奴婢同样授田，甚至耕牛也授田，这些人在死后要把田地还给国家；与此同时，国家还授给民众一块栽种经济作物的桑田和用来居住的园宅地。对地方政府官员，也按官职高低，授给职分田，职分田出产用于政府官员的办公经费。

隋代在文帝即位初期，也颁布新的均田令，一方面对诸王以下各级贵族与官吏按品级授予可以传给子孙的永业田，以此对他们所占土地面积施加一定的法律限制；另一方面，大致按"一夫授田百亩"的原则，把荒地分给丁男，授田区分为可以世代相袭的永业田和死后交还国家的露田两种，奴婢亦同。对地方政府，则按级别授予职分田和公廨田，前者的租金收入补充百官俸禄，后者的租金用于地方政府办公经费。

唐初期实行的均田制，基本上承用隋制，只是略有变化。每丁男（21—60 岁）得田 100 亩，其中 80 亩为口分田（死后还归国家），20 亩为永业田（可传子孙），其他人也各按身份授予田地。贵族、官吏按品级授予永业田，此外百官还按品级分给职分田，用于补充俸禄和办公经费。

"为民制产"

前面提到过，自战国到汉初，国家对民众经常授田。因此，均田制只不过是从南北朝直至隋唐初期的一项特殊的授田政策。唐代之后国家再未有过如此大规模的均田行动，主要是因为国家手中没有那么多荒地。对于均田制，今天不宜想象过多。当然，对于士族豪强手中超过限额的田地，虽然国家未必去一一查证并予以纠正，但均田法令仍可作为约束士族豪强行为并在必要时使用的一种工具。就像今天刑法中的"巨额财产来源不明罪"，它并不意味着国家要去查证所有公职人员的财产并惩罚那些拥有说不清巨额财产来源的主体，但作为有效的罪名，它仍可在必要时使用。

不过，需要说明的是，均田制涉及中国古代国家对田制的建设问题。历史学家钱穆先生就曾经评价说，均田是郡县制度下的井田，而井田则是分封制度下的均田，这两种田制在精神实质上是一样的，都是"为民制产"，"务使大家有田地"。什么是为民制产呢？孟子最早进行过阐发，意思是说贤明的君主为民制产，目的是让民众能养得活自己和家庭，然后才能引导他们向善。"是故明君制民之产，必使仰足以事父母，俯足以畜妻子；乐岁终身饱，凶年免于死亡；然后驱而之善，故民之从之也轻。"

今天我们怎么理解"为民制产"呢？前面说过，国家是为了人的生存与繁荣而被创造出来的，只不过在不同条件下采用了不同的制度形态。但不管是怎样的制度形态，国家总要采取措施将劳动力与生产资料结合在一起，以使经济活动能有效地进行。

井田制是中国在城邦时期将劳动力与土地予以结合的一项制度，实践中很有可能并未将土地划分为"井"字9块，但"井田"的说法应该反映了当时村社对土地共有共耕的状况。就是说，农业生产活动和村社内部事务，由村社共同体集体承担，各级领主并不直接组织和管理农业生产。在当时，这应该算是一种有效率的生产方式。只不过到了春秋战国时期，随着生产工具的进步，特别是铁器农具的使用，使得一家一户的小农家庭分耕、由大家长监督家庭成员从事劳作，成了最有效率的生产方式。于是国家调整田制，废除原有的制度，宣布所有的土地在法理上都归属于君主，不再归属于各级领主，然后通过政府授田或者确认民众已占有田地，让各个小农家庭分散占有土地并加以耕种，再根据土地面积征税。这就是前面说过的"通公私"与"履亩而税"。统一天下后的秦朝体现了这一点，通过"令黔首自实田"，承认各家庭对土地的分有分耕。就这样，以君主为代表的国家，自命为土地的所有者，并以此为根据向人民征派赋役，也因此有责任建设田制，保证人民能够占有一块土地，以此为生并承担赋役。

这就是帝国时期的土地产权制度安排，均田制也因此体现了这样的"为民制产"精神。在唐代之后，国家再未实行过均田制，不过并不代表国家不再关心为民制产。比如，宋、元、明等王朝都实行过"经界法"，通过土地清丈来编制鱼鳞册，这样既确认了君主的产权，又承认农户家庭对土地的占有，还可由此落实"履亩而税"。到了明末，思想家黄宗羲再次提倡井田制度，他的意思并不是要复古，而是要求把国家手中掌握的官田授给民众，并通过土地丈量确立民众所占土地的面积与等级，以均平田赋的负担。经界实践与黄宗羲的井田设想，目的都是"为民制产以养民"。

均田制中的产权问题

在今天，对中国古代的土地产权制度又该如何评价？为民制产是不是意味着君主侵犯私有产权？君主对天下土地拥有产权是不是

均田制：调整田制的目的到底是什么？

专制君主荼毒天下的源头？

中国古代的土地产权制度，事实上不能用今天的"私有"或"国有"的术语来衡量，不如说它介于二者之间。在帝国时期，民众之间对土地的产权有较清晰的边界，可以进行买卖和租赁，这使得土地产权呈现出今天"私有"的样态；而民众与国家之间并没有清晰的边界，在理念上君主拥有天下土地，有权调整臣民各自对土地的占有，这样的土地产权呈现出今天"国有"的样子。在这样的产权制度下，君主为民制产或者说调整田制，不能完全说是任意侵犯私有产权。

如此的土地产权方式是君主荼毒天下的源头吗？严复先生说，帝国时期"天子富有四海，臣妾亿兆。臣妾者，其文之故训犹奴虏也"，意思是说，君主个人因为拥有天下土地的权利，所以能将天下人当作奴隶来加以奴役。应该说，由于君主既是私人（个人和家族）的代表又是国家共同体的代表，一身而二任，所以他的私人角色或者说私人利益，确实有可能损害他作为共同体代表的角色或者说伤害天下人的利益，君主有权调整田制也确实可能伤害民众的产权。这是帝国制度始终潜伏的危机，也是帝国必然要转向现代国家的内因。

但不能不看到，中华帝国的产权安排方式也有好处。一方面，在理念上，君主对天下土地都有产权，这就让帝国时期的君权呈现出今天主权的样态。君主可以支配境内的所有资源，为国家对外防御和内部治理提供稳定的基础，并让中华共同体的统一与完整始终得以保证。另一方面，在实践中，小农家庭分散获得了支配耕地的能力，一家一户小农可以在此基础上有效地生产和生活，并能进行土地的流转，从而使经济活动和文明发展获得极强的韧性和恢复能力，这是中华共同体能够灵活调整和长期顽强生存的原因所在。

举个例子。12世纪阿基坦的女公爵埃莉诺（1121—1204），与法国国王离婚并嫁给英国国王后，占当时法国国土一半面积的阿基坦公国，就跟着她作为嫁妆转移到了英国，这大大改变了英法两国的实力对比。在中华帝国时期，这是不可想象的。那些和亲的公主，婚前的封地是不可能带到她所嫁的国家去的，因为原则上所有的土地都属于在任的皇帝。由此是不是可以看到，君主对土地的产权很像今天国家对土地拥有的主权？在现代国家，私人的土地可以转让给外国人，但这块土地并不因此成为外国的领土，土地所在国家对它拥有确定无疑的终极所有权或者说主权。所以，现代国家由于主权的存在，不会因为土地流转而失去领土；而在中华帝国时期，也因特有的土地产权制度的安排而可以使领土保持完整。

但话又说回来，西方封建社会的产权制度虽不能保证国家领土完整，但因为保证了各封建主体的权利，而使得当时的经济活动者（商人、自由民甚至农奴）能够获取经济剩余，进而为经济增长、收益积累、第三等级成长奠定了初始条件。西方（尤其是西欧）在全世界率先走向现代国家，正是以此为基础的。不过，这是另一个话题了。

小结

从北魏至隋唐初期实行的均田制，不是"打土豪、分田地"，它只是国家把手中的荒地配置给民众的一种行为，目的是恢复生产、打压士族豪强的经济实力。均田制与在此之前的井田制、授田制及后来的土地清丈相似，都反映了中华国家制度设计中的为民制产精神。由这些做法确立的土地产权方式，奠定了中华帝国制度的基础，并进而有效地保障了中华共同体的完整。

本章以下内容值得重点关注：

一、均田制是帝国把荒地按一定的标准分配给民众,虽然局限性很明显,没法把士族豪强手中的超限土地统统变成国家的可税资源,但体现了帝国为民制产的精神实质。

二、为民制产是一种指导性的精神,通过制度的设计与田制的调整,把生产资源(土地)与劳动者进行比较有效的结合,同时实现让老百姓养活自己家庭的目的,也让国家能够征税。

三、帝国调整田制有两方面的意义:一是为了让生产更有效率,让财政负担更加公平;二是确认君主拥有天下土地的产权,为对外防御和对内治理提供了稳定的基础和保障。

徭役问题：
为什么有钱有粮也会亡国？

常言道，没有钱是万万不能的。尤其对一个国家来说，国库里面没钱没粮，往往是亡国的先兆。比如明朝，因财政资源调配不开而灭亡。可是你知道吗，中国古代有一个王朝很富裕，仓库里堆满粮食，结果仅传二世即亡国。是的，这个王朝就是隋。史书记载，隋朝的灭亡是因为隋炀帝个人品质有问题，比如生活荒淫、好大喜功等。今天的历史研究指出，对隋炀帝个人品质的指责，大多更可能是李唐王朝施加的不实之词。从财政上看，隋朝二世而亡，虽然有多种原因，但主因是财政征收方式不当，更准确地说是过度依赖于徭役，对民力役使过多且频繁。

不差钱的隋王朝

隋王朝的富裕，在中国古代财政中是出了名的，后世史书对隋代国计之富的称颂不绝于耳。元初学者马端临在他的名著《文献通考》中就曾说过："古今称国计之富者，莫如隋。"隋富首先体现在人口增长上，这是中国古代衡量国家富裕程度的最好指标。在隋文帝期间，人口年均增长率达到千分之十二（2020年中国人口增长率为千分之三）。其次，隋富还表现在财政库藏皆满。在当时修建了许多著名的大粮仓，比如西京的太仓，东都的含嘉仓、洛口仓等。大仓库储藏米粟有千万石，小一点的仓库也有几百万石。当时的执政大臣估计，光靠仓库里储藏的这些粮食，全国人就能吃五六十年。1969年，中国考古工作者在含嘉仓遗址发现了一座装满了粮食的仓库。当然了，隋朝灭亡距今已经1400多年，说是满满的粮食，其实一打开就都碳化了。但是，考古工作者根据遗迹作出推测，仅仅这一座仓库里的粮食就有大约25万千克。

由此带来了中国古代财政史上的一个著名问题：隋朝为什么这么富？马端临的回答是，不知道，"何以殷富如此，史求其说而不可得"。其实这个问题，隋文帝自己也表示过奇怪，他说，我好像收的并不多，用的也不少，怎么还这么有钱呢？"朕既薄赋于人，又大径赐用，何得尔也？"

大致来说，隋富的原因主要有两个方面：一是前面说过的自南北朝以来国家打击了士族豪强的势力，以至于国家能有效地控制土地与人口，能够对广土众民征税，于是改变了过去国弊家丰的局面；二是建立起有效的行政制度，如三省六部制等，能够有效地将资源集中在政府手中，尤其在广泛地使用驰道、漕运手段后，粮食、物资、财富等源源不断地向中央政府集中运输并加以仓储。还有，隋文帝自身比较节俭、征发徭役有节制，比如将服徭役的成丁年龄由18岁提高到21岁，由此民众有时间从事农业生产，对隋富的形成也起到了推动作用。

为求大业滥用徭役

如此富裕的王朝，不是因为差钱而亡的，而是隋炀帝为求大业,过度役使民力造成的。为什么这么说呢?

隋炀帝即位初期,在财政方面还曾经试图减轻民众负担。比如说,他将文帝时期男子服徭役的年龄从21岁推迟到22岁,同时还在制度上免去了妇女的租调负担,带来了深远的影响。只不过,由于炀帝过于雄心勃勃,渴望在短期内成就前无古人的大业,于是很快就改变了他刚即位时减轻民众财政负担的做法。历史学家吕思勉先生把隋炀帝的大业总结为两项,一是"事四夷",二是"务巡游"。这两项都大大加重了民众的负担,更重要的是过度役使了民力。

什么是"事四夷"呢?"四夷"指的是大隋周边的少数民族政权,"事四夷"是说隋炀帝招揽西域少数民族来朝拜,并下令让他们途经的郡县花费巨资来招待。隋炀帝还引诱西突厥政权献地内附,为供应戍守此地的军民,从内地转输物资巨万,大量民夫死于道路上。更不用说他还三征高丽,为此征发的兵役人数达百万,力役更是无数,常年在道路上向北方粮仓运输粮食的民夫就达几十万人,士兵与民夫也是死者相枕。

什么是"务巡游"?就是说隋炀帝为了巡游天下,发起了过多过于频繁的重大工程建设活动。比如,炀帝在即位初期,大业元年(605),就营建东都洛阳城,每月役丁200万人,近四成劳力死亡。大业三年,发丁男百余万;大业四年,发丁男20万修筑长城,死者超过一半。从大业元年开始,隋政权就持续开挖大运河,到大业四年,仅这一年内,为通济渠和永济渠的施工,就各自动用劳力百余万,人员死伤无数。

总之,在隋炀帝统治的13年里,几乎年年滥发徭役,不仅人数规模空前,而且超时延期,甚至从不限定工期、役期。更糟糕的是,徭役的强度高、生活条件差、执法严,死亡率极高。常年徭役，让民众不得休息，不能从事正常的生产活动，民生极度贫困。于是，"天下死于役而伤于财"。

所以，隋朝灭亡的主要原因不是缺少钱粮，直到隋朝灭亡时官府仓库中还有大量钱粮。在今天看来，隋亡的主因是徭役过重、滥用民力。财政史学者郑学檬先生曾说："中国古代历史上，因滥用民力，直接导致大规模的农民起义与朝代更迭，也只见有隋一朝。"

徭役不是好的征税方式

从帝国财政史来看，隋王朝二世而亡带来的教训，除了要求君主不能好大喜功、不能求治过急过快以外，还有一个原因就是，徭役真的不是好的财政征收方式。

前面说过，古代财政的税柄就三个，要么税人，要么税地，要么税商。在税人中，最原始的形式就是用徭役方式直接去役使民力，让民众无偿地充当士兵、从事农业或手工业劳动、修建工程或充当运输的人力等。徭役是直接加在民众身上的负担，它一方面会影响民众自己从事农业生产的时间与能力，服徭役的人就不能耕田种地，也没有粮食可吃；另一方面，徭役负担直接为肉体感受到，税痛感最强，痛苦最为直接与深刻，还可能造成人的死亡。因此，用徭役作为财政收入的形式，不仅影响到财富的创造，还会引起劳动者的直接反抗，并非好方式。

帝国的徭役史

前面说过，全体劳动力亲身服役（即徭役），乃是以人为支撑点的城邦时代的财政要求。像井田制那样让民众出力劳动并集体实行监督，或者让民众亲自服军役，在当时有一定的必要性，但在以土地为支撑点的帝国时代，原则上不应再让民众亲自服役，而应转向以税地为主。不过，因为税人比较简单，直接役使民力或者征收人头税，在帝国时期一再出现。人头税问题我们前面已经说过，现在只看财政上对劳动者亲身服役的要求。

具体到某个王朝而言，一般在王朝初期，军事和工程需要量大，商品经济化程度低，民众为国家亲身服役是很重要的财政收入形式。到了王朝中期，军事和工程需求降低，经济市场化程度提高，容易雇募到必要的劳动力，此时以征收货币来代替民众亲身服役，对政府来说更为合算。于是，绝大多数王朝都存在一个趋势，就是在王朝中期发动财政改革，用货币征收来代替劳动者亲身服役，以增加货币财政收入。前面说过的汉代更赋，还有宋代的免役钱、明代的银差等，都是这样。

事实上从整个帝国财政史看，国家对劳动者亲身服役的要求也在不断降低，民众的力役负担呈现出不断减轻的趋势。

在秦汉时期，国家对民众有全面的徭役要求。汉初，成年男子在23岁和24岁需接受两年军事训练，之后每年要服一个月的兵役（从25—56岁），另外还要戍边3天。除了服兵役外，还得服各种各样的力役，如建筑皇陵、供应皇帝出巡时的运输工具、建设公共工程（筑城、治理江河等）、从事运输（如从各地往边境运输粮食）等。经汉代用更赋代替亲身服役，特别是东汉将更赋正式制度化之后，人民其实已没有为国家亲身服役的义务。可是在南北朝长期战争的环境下，国家需要有人亲身服兵役力役，民众也无钱来免除服役，于是徭役再度成为民众的正式财政负担。到了唐代，实行庸的制度，即不愿亲身服役的民众可以通过缴纳纺织品代替服役，到两税法改革后，庸折入两税中。于是在制度上，人民对国家普遍性的徭役义务已经消失。

不过自宋代起，部分民户依资产状况为国家承担差役负担的财政形式发展起来，其原则是有资产的上户和中户要承担更多的差役，下等户少承担差役。在实践中，差役负担逐渐转化为货币负担，即出钱雇役。王安石变法就是这么做的。按道理说，在王安石变法后，差役在制度上也结束了。可到明代初期，在制度上又重建了差役，同样仍按户等来安排差役。后来在明代中期，民众的差役负担又通过"一条鞭法"改革，折入民众缴纳的两税中，并作为正式财政负担。清初，国家又向民众以亲身服役为名征收丁银，直到雍正年间，丁银被摊入田亩，再次在制度上消灭了对民众的亲身服役要求。

雍正年间这一消灭亲身服役的改革，被梁启超先生称为在中国消灭了奴隶制。不过，梁启超先生的评价似乎过高。这是因为，在雍正帝摊丁入亩改革后，现实中大大小小的官吏向民众征求力役的做法并未消失，帝国也无力约束各级官吏在制度外向普通民众强求力役的行为。

小结

隋王朝的灭亡不是因为国库里没有钱粮，隋朝财政其实非常富裕，而是因为隋炀帝好大喜功，以至于徭役过重，有钱有粮也亡了国。徭役作为征税方式，在帝国中起起伏伏，总体呈减轻趋势，但贯穿了整个帝国财政史。

本章至少以下内容值得重点关注：

一、很多王朝因为财政上资源调配不当，造成了国家的灭亡和朝代的更替，但隋王朝是在国库充裕的情况下二世而亡，单从财政角度看，是因为财政征收方式不当。

二、隋炀帝太想在短时间内成就前无古人的大业，在他统治的13年间，滥发徭役的人数规模空前，而且徭役强度高、生活条件差、执法严,导致参与者死亡率很高。

三、徭役作为直接役使民力的方式,不但让民众没有时间从事生产,导致民生贫困,而且对人力直接压榨,痛苦最深,并造成大量劳动力死亡,以至于遭到民众最强的反抗。因此,财政征收一定要注意方式和技术,要注意时间的节奏,尽量避免直接役使人力。

租庸调制：
盛唐的制度为何会被废止？

对很多中国人来说，"盛唐气象"是心中的一个梦。可是你知道吗？唐帝国虽然强盛，支撑它的财政基础却很脆弱。在学唐代历史的时候，我们都学过它的财政制度叫租庸调制。有人曾经高度推崇这个制度，为君主懈怠和地主兼并破坏了该制度而惋惜。不过，我要说，唐代的租庸调制以及同时实行的府兵制，其实算不上是一个好的财政制度。在相当程度上，这两个制度是城邦时代税人制度在帝国时期的变种或残留，像钱穆先生说的："是两个古代社会蜕变未尽的制度。"

强盛的唐帝国

在隋末烽火中诞生的唐帝国，一方面，它的强盛表现为内部的秩序与富裕。史书记载，在贞观时期，行千里者不用自己带粮食；到唐玄宗时，百姓家中的储粮大都可以食用数年，粮价长时间保持在历史的最低位。另一方面，它的强盛表现在对外扩张上。这种扩张将帝国本性淋漓尽致地发挥出来，中华帝国的对外声威至此达到最高峰。

为什么唐帝国如此强大呢？当然，这与唐初君主的励精图治有关，但主要还是因为此时的社会经济条件和基本政治制度。就社会经济条件而言，有前面说过的在财富战争中因士族门阀衰落而使得国家能更好地控制广土众民的原因，另外还跟水土条件更好的南方（粮食至少可以一年两熟）被开发，以及南北经济的联系加强等有关。就政治制度而言，此时帝国已建构起相对完善的制度体系（特别是承袭隋朝并加以改进的三省六部制、地方州县制度），这样的制度体系能够集中国内的资源，以便充分发挥出帝国的能力。

租庸调制和府兵制

唐初的财政制度主要是建立在均田制基础上的租庸调制和府兵制，这两个制度都起源于南北朝时期，在后世名气非常大。

在上一章我说过，唐初实行的均田制，基本上承用隋制。该制度的起因也相似，即一方面通过授田行动，把因战乱而掌握在国家手中的土地，大致按一夫授田百亩的原则分配给农民耕种，区分为可传子孙的永业田（20亩）和死后还给国家的口分田（80亩）；另一方面通过宣布贵族官僚依品级拥有田地的份额（永业田），对他们的占地行为进行限制，并通过授职分田和公廨田解决地方政府的办公经费问题。授田的同时，也达到了重申君主对境内田地产权的目的。

在上述均田制的基础上，初兴的唐帝国在财政上实行从曹魏的租调制发展而来的租庸调制。该制度要求，在授田基础上每丁每年纳粟二石，是为"租"；每年每户纳绫或绢或绌二丈、绵三两，产布之乡纳布二丈五尺，麻三斤，是为"调"；每丁岁役二旬，闰年加二日，无事或不愿服役者则收"庸"，每日徭役折绢三尺，布加四分之一。上述租庸调制在唐初实施后，又经太宗整顿，使用到开元初年。从租庸调的征收依据看，三者都高度依赖于税人（针对"丁"或"户"），事实上都是实物性质的人头税。因此，这一时期财政状况的好坏与对人口的管理状况密切相关。

在均田制基础上，关中及部分其他地区，还实行起源于西魏、北周的府兵制。这一制度的要点是兵农合一，即给充当府兵的人授地，让他们平时在家从事农业生产，不需要缴纳田赋或承担其他赋役，但要求在农闲时接受军事训练，战时在皇帝临时任命的将领率领下从事征战或防御，而且自备资粮、自带武器，只能获得战利品或奖赏，政府不再付报酬。因此，府兵制是一种将财政成本内部化的措施，同时也是一种税人的财政措施。

由此可以看出，此时的财政制度，无论是租庸调制还是府兵制，都是税地制度的变通，即先给人授地，再税人，以获取粮食或亲身服役等实物形式的财政收入。

脆弱的财政基础支撑不起强盛的帝国

上述在均田制基础上建立的租庸调制和府兵制，一定程度上可以用所获实物性财政收入来支持初兴的大唐，但对这一财政制度的评价却不能过高，更不能像过去部分论者那样，将唐中叶以后国家的衰败都归罪于君主或官僚破坏了这一制度。事实上，这一制度在唐初的成功是有前提的，那就是隋末战乱之后人口凋敝、土地荒芜、经济萎靡，因此推行这些制度有物质前提和社会前提。但在长期和平的统一帝国下，该制度根本无法维系。史书明载，到开元年间，租庸调制度就大坏。因此，强盛的唐帝国，它的财政基础从一开始就很脆弱。而且，正是因为这样的脆弱，才没有给后来唐帝国的发展提供稳固的根基。

首先要看到，支持租庸调制的前提是均田制，而均田制在实践中难以全面实行，更难以持续。在人口分布不均的广大国土范围内实行均田，这种做法对田地占有的复杂性估计过低，而对各级官府及官员的执行意愿、管理水平、技术能力要求过高。实际授田的情况，哪怕在唐初，也有很多地方根本达不到一夫授田百亩的要求。即使在有些地区确实实行了均田制，均田行为也难以持续，因为在现实中出现了田地的大量集中。有些集中属于田地的自然集中，如集中于耕作效率高者，但是负责管理的官僚并未积极地改变账册登记；有些因为豪强依其势力趁机兼并，官府不能纠正；有些则是因为新贵族官僚的不断出现，迫使国家把自己控制的田地作为永业田持续授予，以致出现大地产主。另外，随着和平持续和经济发展，人口呈现出持续增长的势头，这样留在民众手中不用还给国家的永业田越来越多，而对口分田数量的要求也越来越高。国家手中的田地因均田制不断减少，又无力纠正田地的集中，最终导致了均田的不可行。于是在均田前提下，对每丁、每户征收租调，也就失去了负担的基础。民众享受不了均田的待遇，无田的人还要跟有田的人负担一样的租调，这样就出现了逃户或者说流民。对于逃户应负担的租调，州县官员往往"有逃即摊"，直接摊派给没有逃亡者，于是就引起更多的逃户。

其次，租庸调制和府兵制都是具有战时特征的实物性财政制度，并不适合承平日久的帝国。由于魏晋南北朝以来战争长期持续，以粮食、衣料、亲身服役等实物作为财政收入的形式，比货币财政更能适应现实。但在唐帝国长期和平的条件下，商品经济已逐渐发达，此时在广大国土范围内实行实物财政的成本远远高于货币财政，而且亲身服役特别是军役也逐渐变得成本高昂且不受欢迎。就拿府兵制来说，帝国进入了和平时期，当府兵不但没有了军功赏赐和战利品，每年还要自备武器参加训练，还要守卫京城，甚至还要轮流去驻守边防，这就耽误了从事农业生产的时间，也没可能去做其他职业。这样一来，老百姓自然就不再愿意当府兵，府兵制就成了一项成本高、收益低、没法有效实行的制度。从荣誉感来说，府兵原来出身优越，死后哀荣，地位很高，但后来逐渐为人所耻，无人愿为，以至于不断有人逃亡。

租庸调制度的失败意味着税人的终结

前面我说过，帝国以土地为支撑点，其财政制度的理想是实现"履亩而税"，即按实占土地面积进行财政征收。但由于技术和管理上的困难，自汉代开始直至唐初，都采用变通形式实现"履亩而税"，即先给人授地、再对人征税，这样税地与税人大体等价。但两汉时期在授田基础上的"舍地而税人"是失败的，在相当程度上它是豪强兴起的内在原因，并最终引发大汉帝国的崩溃。可由于长期战乱，到隋唐时期，帝国君主相对于士族豪强来说力量增强，能够控制荒地与人口，于是依托于均田而税人以获取财政收入这样一种相对简单的方式，又得以重建并在一定程度上得到了强化，最终形成租庸调制。如前所说，租庸调制并不能为统一帝国提供长期可靠的财政保障。要强调的是，租庸调制不可行，并不仅仅是人的主观意愿或道德品质问题，例如帝王的个人素质不高或者官僚集团贪婪等，而是在于这一制度本身有问题。这种以均田制为中介，形式上税地而实质上税人的制度，就长期来说在实践中根本不可行。

在安史之乱后，虽然唐代宗政府曾一再重建租庸调制，但现实中该制度已不具备实施的条件。这是因为，此时国家已没有土地用来均田，也无法有效地掌握人口，比如在代宗广德二年（764），国家掌握的人口只有10年前的32%。这样，以"税人"为实质的租庸调制,已不可能实行。于是,在唐中期依托于田亩实行"履亩而税"的"两税法"应运而生。大致上,两税法奠定了以田亩为基础的财政制度,并成为后世帝国财政的正统。财政制度从此正式从以"税人"为核心转向以"税地"为核心,只不过"税人"在现实中并未完全消失。

小结

承自南北朝时期以均田制为基础的租庸调财政制度,根本无法支撑唐初建立起来的强大帝国。唐代中期,财政制度从租庸调制转向两税法,标志着税人原则在帝国财政制度上的正式终结和税地原则的正式确立。这一段财政史告诉我们,每种国家类型都必然要寻求契合其内在目的或根本支撑点的财政制度,对租庸调这样的历史性制度的消亡,不能只怪罪于人的主观愿望或道德品质,还要看制度设计是否契合国家类型的内在要求,这样在考察制度变革时才能区分哪些只是暂时的妥协,哪些才是长久的立足点。

本章以下内容值得重点关注:

一、唐朝虽然是一个强盛的帝国,但它的财政基础却很脆弱,唐初所建财政制度并没有给后来唐帝国的发展提供稳固的根基。

二、唐朝初期的财政制度是建立在均田制基础上的租庸调制和府兵制,它们都是税地、税人两种方式融合后的一种变通,即先按照人头授地,然后再按人头征税,国家获得粮食或者亲身服务这样实物形式的财政收入。

三、租庸调制和府兵制不能给统一的帝国提供长期可靠的财政基础,这种形式的制度,在帝国长期实践中根本不可行。

四、对财政制度的兴起与消亡,不能仅归之于人的主观愿望或道德品质,还要看制度设计是否契合国家类型的内在要求。

两税法：
帝国正统财政制度是如何形成的？

说到帝国的制度，我们好像都有这么一个印象，那就是不同朝代各有其特点。一个新的王朝建立起来，同时也就建立起一些新的制度，颁布一些新的法令。随着王朝衰败灭亡，这些制度法令也就失效，慢慢消失。在这一章我要讲一个例外，那就是唐代中期实行的两税法改革。有不少喜欢历史的人曾经感叹，所有的改革最终都是失败的，因为成果无法保留。两税法不是，在唐朝灭亡后它还被继续沿用了一千多年，直到清王朝结束。有人曾经评论说，两税法的实施是租庸调制被败坏之后的无奈选择，可我今天要说的是，这一制度并不是临时性的无奈举措，而是长期酝酿于帝国历史之中直至此时才结出来的制度之果。因为契合了帝国发展的内在目的，自诞生起，两税法就被视为帝国财政制度的正统。

两税法的诞生

说到两税法，就不得不提杨炎。杨炎是唐德宗时期的宰相。在唐建中元年（780），他发起了一项改革，废除租庸调旧制，改用两税法这项新的财政制度代替。

为什么要废除租庸调制？前面我说过，中华帝国一直想实现税地的目标，做到"履亩而税"，即按田亩数来收税。可是，土地清丈和账册管理很困难，而靠简单的点人头征税更方便。于是，从汉朝初期到唐朝初期，国家都在想办法先给老百姓配置土地，然后再按人头征税，用税人的方法变通实现税地。但是，这种方法到了唐朝中期就没法维持了，因为以均田制为前提实行的租庸调制度已无法维持，由此获取的财政收入越来越少。因安史之乱及之后的战争，再加上君主与官僚的奢侈消费，财政支出额越来越大。于是唐朝财政收不抵支，财政危机爆发，国家濒临破产。这就逼着当时的执政者必须废除租庸调制，寻找更有效的新制度。这就是两税法出台的大背景。

那么，两税法的主要内容是什么呢？它规定，财政征收不再以人口为基础，改为在一年之中分夏（不超过农历六月）、秋（不超过农历十一月）两次，征收户税和地税。因为分两次征税，所以叫"两税"。其中，户税根据家庭资产总额征收，地税根据家庭实际耕作（不管是自耕农还是佃农）的田亩数征收。在征收两税之后，原来的一切租庸调、旧税、杂徭，都合并进入两税中。在制度上，两税法的征收数量低（一开始甚至规定了固定的收入数量）、手续简便（"租庸杂徭悉省"）、负担公平（只根据田亩面积与资产征收）、征税对象清晰，非常符合帝国意识形态中有关轻徭薄赋、负担均平、不扰民的理想标准。

更重要的是，它符合帝国以土地为支撑点的内在要求。

改革的两个契机

新财政制度的出台和实行，肯定跟重要历史节点上的局势与人物有很大关系。两税法的出现，跟当时收不抵支、国家濒临破产的局面有关，也跟宰相杨炎的个人努力密不可分。但是，我们也不能忽视两税法改革前出现的两个契机。

一个契机是，安史之乱结束后，北方很多地区落到了藩镇手中。中央政府无力控制北方的藩镇，也就没有办法从这些地区有效收税。所以，中唐时期，中央政府在财政上不得不高度依赖南方经济，而南方又以租佃和雇佣经济为主，老百姓有许多是佃农和雇工，根本就没从国家手中得到授田，自然也就不需要负担租庸调制度下的财政上缴义务。就是说，国家没有办法用租庸调制从他们的身上收税。

另一个契机更加重要，那就是在现实中，户税和地税的征收规模已经逐渐扩大，并在相当程度上解决了"履亩而税"所必要的土地管理问题。为什么这么说呢？我简单地说说户税和地税的来源。

户税起于何时，学者们意见不一。但在唐初已明确征收，按每户人家的资产总额分等级征收货币税。开始时户税的规模并不大，但由于租庸调制的败坏，自唐代宗大历年间起，户税规模急剧扩大，并逐渐成为国家的重要财政收入。在那个时代的家庭资产中，最重要的显然还是土地，因此征收户税就要掌握家庭土地面积，而这又跟地税的发展有关。

地税源于隋代开始设立的义仓，它的作用是在丰年时向民众按田亩面积征收粮食以备荒年，但要落地执行，政府就势必要对民众的土地状况有所了解。到唐朝贞观初年，继续按田亩征收粮食，这称为"义仓税"，主要用于赈灾。到唐中宗神龙元年（705）之后，义仓税改称"地税"，规模已非常庞大。由于义仓或义仓税在一开始征收就与田亩面积有关，因此政府配套制作了青苗簿，以便统计与管理土地的实际占有情况。到后来征收地税时，这个记载土地状况的小册子青苗簿,变得更加关键,因为在它上面登记了田亩的数量和主人的名字。

历史学家告诉我们,青苗簿的制作,经历了青苗案、青苗历和户青苗簿三个过程。青苗案由负责征收地税的人员("堰头"),根据田亩情况登记主人和佃人(有时甚至作物种类)形成,实现以地统人。在此基础上,州县再根据青苗案进一步加工成青苗历和户青苗簿;前者是以乡为单位的地亩和青苗统计,后者是以户为单位登记田亩和青苗。前面说过,地税一开始数量并不多,但因为对土地状况记载比较清楚,唐政府在两税法改革前就利用过青苗簿征收地税的附加税,并将所获资金用于财政救急(如发放百官俸禄)。换言之,用青苗簿征税已经有了实践的经验。

总之,由于青苗簿,实施"履亩而税"就拥有了具备实际操作价值的账册工具,两税法也就具备了可行的技术和管理的能力。

成为帝国正统

两税法的出现,对解决唐帝国财政问题有重要的意义,但尚不能说明两税法为什么能被后世帝国继续延用一千多年。让两税法成为帝国正统税收形式的原因,到底是什么呢?

我在之前说到过,既然帝国以土地为自己的支撑点,就应该主要依靠土地获得财政收入。靠土地收税,有这样三种途径,一是对土地出产量征税,二是对农产品的交易额征税,三是对土地的市场价值征税。后两种途径对帝国管理能力的要求太高,只有在高度商业化的环境中才有可能。所以,帝国只能选第一种,即根据土地的出产量来征税。

可是,如果根据土地的真实出产量征税,那同样需要非常高的管理能力并承担巨大的成本,这在帝国时代是无法承受的。在现代经济中国家对股份公司的真实收益征税,与此有些类似,但不同的是,现代拥有高水平的技术工具和管理手段使之可能。因此,在帝国时期,只能在区分土地等级的前提下,按照田亩数征收定额田租,这就是"履亩而税"的真实情形。两税法改革出台后,在青苗簿这种管理工具的帮助下,依托土地支撑点实行"履亩而税"的帝国理想才落到实处。

当然,杨炎所定的两税法,还不是最终形态。此时,不仅存在着户税和地税的区分,而且两种税的征收依据还不太一样,户税依据户等(即资产),地税依据田亩。不过,户税所依据的资产中,主要部分是土地,因此户税与地税有合并的可能。到唐后期直至五代,由于长期战乱,户税征收所依据的非土地资产(时人称为"浮财")越来越难以估计,于是土地逐渐成为几乎唯一的可计户税的财产。在征税对象重合且现实中征税方式也趋同的情况下,户税和地税逐渐合一,成为田亩税。

这样,帝国财政的理想实现了。两税以田地占有而不是以人口为依据实行"履亩而税",这就可以把帝国财政建立在君主拥有产权的土地基础上。帝国主体财政收入的方式,从税人成功地转向税地,意味着从此国家不必再直接占有人口,民众与君主(或者说国家)之间的关系,就从人身依附关系变为简单的财政关系。从财政视角来看,在国家类型上中国此时才真正走出了城邦时代。日本历史学家内藤湖南对此评价说,两税法使人民摆脱了奴隶佃农地位,开启了中国历史上的新时代。

在唐宋之间的五代十国期间,为了满足军需、壮大实力并赢得民心,各政权竞争性地宣称,不采用两税法的政权就不具有合法性。如后梁太祖下令说:"两税外,不得妄有科配。"后唐庄宗说:"本朝征科,唯有两税。"虽然在现实中,两税之外,杂税颇多,但这并不影响两税的正统地位。

后世王朝对两税法的坚持

由于两税法实现了"履亩而税"的帝国财政要求,因此两税成为宋代财政收入中不可动摇的正统项目。

宋代的两税,以钱、米两项立额,被称之为"夏税秋苗",意思是夏季征收帛和钱,秋季征收粮食和草。在制度上,两税都依据田亩的数量与等级来征收,原则上自耕农直接缴两税给国家,而佃农则首先把地租交给地主,再由地主向国家缴两税("农夫输于巨室,巨室输于州县")。原本与土地相关的各种附加税,在宋初都逐步并入了两税。为征收两税,宋代进行了多次土地清丈活动,并编制账册对土地进行管理。不过,在宋代仅凭两税收入并不足以支持帝国应对外来入侵的威胁,于是财政上不得不转向主要依靠工商业来增加财政收入。这一点到后面再说。

元代虽然也强调两税,但由于制度简陋、统治者素质低下,因此财政上喜欢运用掠夺性税商手段,从民众那里掠夺财富。

到了明代初期,朱元璋建制时吸取了宋元的教训,重申两税作为国家正统财政收入的地位,征收两税的时间也大大放宽,其中夏税不得超过农历八月,秋粮不得超过次年农历二月。在形式上,两税缴纳实物,以米麦为主,丝织品为副。在财政上,明代为避免宋元时期巧立名目妄取百姓财富的做法,坚守将两税作为国家正式财政收入的决心,并将两税的计划收入一直保持在2700万石粮食。这一收入是正式财政收入的主体,几乎占75%。与此形成鲜明对照的是,根据历史学家黄仁宇先生的估计,宋代国家每年的财政收入大致在1亿缗铜钱以上。每缗(1千文)铜钱与1石粮食大致相当,都差不多相当于1两白银。因此,明代财政收入大致为3500多万两白银,而宋代一般在1亿两以上。可见,主要依赖两税的明代,财力要比宋朝差了很多。

清承明制,顺治年间规定,两税按万历年间的《赋役全书》征收,两税收入也都保持在正式财政收入的70%以上。

明清两代坚持将两税作为正统财政收入并做到将其保持在主体收入地位,是帝国制度成熟的标志。不过因为财政收入低、增长弹性差,这种做法也影响了国家履行责任的能力。这样的财政制度,显示出帝国此时内向与保守的特征,并因逐渐僵化而带来潜在的危机。对此我将在后面的章节再说。

小结

唐代中期由杨炎发动的两税法改革,不仅是一场挽救财政危机的制度调整,它所奠定的依托于田亩征收两税的做法,还因契合了帝国履亩而税的内在目的而成为沿用千年的财政制度,并因此成为判断政权是否正统的标志。尤其到了明清帝国时期,两税成为正统财政收入并在事实上保持了它在正式财政收入中的主体地位。

本章内容有以下几个方面值得重点关注:

一、两税法最大的亮点是根据田亩面积来征税,这符合帝国以土地为支撑点的内在要求。两税法对国家财政管理来说征税标的清晰可见,对老百姓来说负担相对公平,因而非常符合帝国的理想标准。

二、两税法标志着帝国财政的主体收入方式,成功地从税人转向了税地。这样国家就不用再直接占有人口了,老百姓和国家之间的关系也不再是人身依附的关系,从财政视角来看,这个时候的中国才真正走出了城邦时代。

三、两税法虽然是一场挽救财政危机的制度调整,但绝对不是什么临时性的措施,甚至可以说,它是在中华帝国历史中长期酝酿,直到唐朝中期才结出来的果实。

盐利：
为什么是千年帝国的"救命钱"？

在上一章我说到了唐代中期杨炎的两税法改革。但其实，跟杨炎同时还有一位大臣叫刘晏，与杨炎可谓唐代财政的"双子星"。他们虽然互为政敌，却一起挽救了大唐帝国当时的财用危机。如果说杨炎的两税法改革是为帝国奠定了正统的财政收入制度，那么刘晏的盐法改革所谋取的盐利，就是为帝国财政提供的必要的收入弹性，在后来常常扮演"救命钱"的角色。对于帝国来说，正税方面的收入就像一个人日常吃饭，是必备的营养；而像盐利这样的财政收入，则是日常保健药品和生病时的特效药品。

有人曾经将国家获取盐利视为邪恶，称为横征暴敛或者与民争利。这样的看法未免过于简单。在刘晏改革之后，私商广泛活跃在盐业体制中，因此官民合作或者说政府与民营资本合作，并不是今天才有的新东西。你可能常听人说扬州的繁华和盐商的富裕，但要知道，它们就是官民合作模式造就的。不过，从近代扬州盐商的衰落，我们也可以看到民间经营与征税制在财政上具有的发展的必然性。

什么是盐利?

在"财政之眼"一章我说过,古代中国的税柄有三个,由此形成税人、税地、税商三种财政征税方式,各有优缺点:税人的优点在于简单,点人头即可,缺点是过于直接,税痛感强烈,而且税负一不公平就容易引起反抗;税地的优点在于负担公平,缴纳多少田赋跟土地面积直接挂钩,合法性也强,缺点是丈量技术复杂、账册管理困难;税商的优点在于有自愿买卖作为掩护,而且有可能转嫁,所以看起来似乎"取人不怨",税痛感低,缺点在于管理成本高、偷逃税容易。所以在帝国时期,常常混合运用以上三种方式,以达到扬长避短的效果。自汉代到唐初的田赋征收,都是先授田再税人,这是税人与税地的混合;而盐利,则是税人与税商的混合,它实质上是人头税,但在商品交易环节征收。

食盐作为一种商品,有其特殊性:一是消费弹性低,每个人消费食盐的数量几乎相同,不会因为富裕而多吃盐,也不会因为穷就不吃盐,只要还能买得起,哪怕涨价也不会降低太多消费量;二是管理成本低,不是所有的地方都有盐场,也不是所有的盐都能食用,因此只要控制住盐场就能有效地征收管理。在历史上,一般认为从姜太公、管仲开始,国家就想方设法从食盐的消费中获利,并认为它是一种"税人于无形"甚至"有益于国,无害于人"的好方式。因为它既不会遭到抗拒,也不会影响消费。

对于食盐,财政上的获利手段无非三种:一是在生产销售的所有环节实行国家专营,以获取全部的垄断利润,当然也可以实行不垄断的官营制获取经营利润;二是在部分环节实行许可制,从民间经营者那里获取许可费;三是实行征税制,放开让民间经营,但国家征收特别税收(特别商品税)。从这三种方式获得的财政收入,可统称为"盐利"。不管运用以上三种方式的哪一种，一般都是通过对食盐从量加价（每单位重量的盐，提高的价格相同）实现的，这样落在食盐消费量相似的个人身上的税收量几乎相同，因此盐利基本等同于人头税。作为本质上是人头税的盐利，由于借助了税商形式，所以是从商品交易过程中实现的"税人"。

盐利本身谈不上邪恶，它只是国家获取财政收入的一种方式。但是作为实质上的人头税，无论贫富都承担几乎相同数量的税负，并不公平。尤其是如果盐价过高，会严重影响贫民的生活水平。

刘晏对盐业体制的改革

前文提到，汉代桑弘羊在盐业方面，主要通过国家专营制来获取垄断利润。但盐业专营带来的是盐业效率上的严重损失，比如食盐的品质差、盐价高，严重影响民众的生活；同时，参与盐业专营的大小官吏却获取了巨额财富，而国家获利其实并不多。在南北朝直至隋唐初期，国家长时间实行食盐的民间经营，不对其征税或者征税不多。在安史之乱后，财政极度紧张，有时甚至连皇室都吃不上饭。于是大臣第五琦在唐至德三年（758）恢复了桑弘羊实行的盐业专营制度，只不过将生产的环节从桑弘羊的官制改为民制。

第五琦的盐法，存在着与桑弘羊时期同样的缺陷。于是刘晏在唐代宗宝应元年（762）整顿盐法，将国家专营制改为许可制，实行民制、官收、商运、商销，取消了官运和官销两个环节。盐业的生产环节由有灶籍的盐户私人完成，但在运输和零售方面引进私商的力量，政府只垄断收购和批发两个环节。这种做法类似于今天的土地批租制度，政府垄断土地的收储（官收）和拍卖（批发）环节，而将房产建造和房屋销售交由房地产开发商进行。刘晏的做法取得了良好的效果，百姓食盐供应改善，国家盐利骤增，从年收入

40万贯增加到600万贯。在两税法改革之前，唐代财政收入盐利占了一半，宫廷耗费、军事支出以及百官俸禄都严重依赖盐利收入。

从唐中期直至晚清，盐业体制大体遵循了刘晏采用的许可制。在正常情况下，这样的盐利可以补充两税收入，遇到特殊情况，还能通过紧急销售许可证来获得临时性收入。所以说，盐利为帝国提供了"救命钱"，尤其是在遭遇大规模入侵威胁的宋朝。这是因为，两税收入虽然是正统财政收入，但数额大体是固定的，甚至可能因为政府掌握的田亩数减少而降低。此时要获取更多的收入或更大的财政弹性，就只能进一步依赖来自工商业的收入；而在来自工商业的收入中，盐利占据首位。

盐利也确实为宋代帝国"续命"做出了重要贡献。获取盐利的上述三种方法，宋代其实都在使用，不过许可制（当时称"钞盐制"）最重要。在那时，私商先向官府购买"钞引"（即许可证），再从官府仓场凭钞引买入盐货，然后在钞引所指定的区域内自由出售。除了获取财政收入外，钞引还被用于其他用途，如吸引商贾运送粮食、物资到边境和战区，以换取盐引，这就是"入中"制。入中制度事关军需供给、边境稳定乃至国运维系。

扬州盐商为什么那么富？

刘晏改革盐业制度后，后世王朝基本上都实行许可制，变化的无非是许可证的名称（"引"或者"票"）、售卖许可证的机构（国家机构或者皇家机构）、购买许可证的形式（货币或者某种实物）、购买许可证的主体资格（有限制或者无限制）、许可销售地的范围大小、批发与零售价格是否固定等。

比如，在明代初期实行的"开中法"就是一种许可制，类似于宋代的入中制，要求商人运粮食（或者军队需用的马匹、铁、茶等）到指定地点（一般是边关），交换盐引，再凭借盐引去批发食盐，然后去零售。明代中期，开中制改为折色制，允许盐商直接用银两购买盐引。

不过到了万历年间，盐引积压严重，盐商没有积极性。于是朝廷将盐业制度改成纲盐制，要求盐商从分散经营改为结成"商纲"，规定只有在册的商纲才可以购买盐引并从事食盐的批发零售，而且准许这样的垄断资格可以世袭。

到清代，纲盐制继续实行，少数几家盐商事实上垄断了食盐的销售。由于清代雍正、乾隆、嘉庆年间，中国人口剧增至3亿左右，于是食盐产销两旺，盐商获得暴利。

在为数不多的具有世袭垄断权的盐商中，最为重要的是生活在扬州的盐商。这是因为，扬州不仅靠近食盐的重要产地两淮盐场，而且因临近长江、淮河和漕运通道京杭大运河，交通极为便利。于是扬州因盐而兴。以乾隆三十七年（1772）为例，扬州盐商赚了1500万两银子，上缴的盐利有600万两，占全国盐利的60%。扬州盐商的富裕，带来了城市的发达及文化的活力。今人熟悉的"扬州八怪"就活跃于此时。当然，成也萧何，败也萧何。扬州盐商的垄断特权在道光时期被打破，此后盐商就风光不再。

走向现代征税制

由于在纲盐制下，盐商经营效率低下，盐业管理人员贪腐严重，国家从中获利其实不多，上缴的盐利也常常严重拖欠。于是在道光十一年（1831），清政府在两淮地区改行"票盐制"，即把引改为票，允许民间商人在缴钱（固定批发价加上杂课）获票后，在指定州县自由零售食盐。后来，在厘金制度广泛实行后，对盐也征收盐厘。事实上，此时的票盐制已接近于征税制，从量征收的杂课与厘金相当于交易税。原有盐商的垄断地位也因此被打破,盐业竞争性加强。新的制度,大大提高了盐业经营效率,食盐质量提升、价格下降,国家收入迅速增加。

到了民国2年(1913),北洋政府以"就场征税、自由贸易"为原则整顿盐法,正式对盐业实行征税制。虽然遭到盐商、盐业机构官吏等既得利益者的反对,但在外国势力干预及社会舆论的压力下,有效率的征税制在不少区域陆续得到实施。国家征税机构也因此发展,征税能力有所提高,中央政府获得的盐税大大增加。盐税成为仅次于关税的第二大收入项目,为北洋政府应对层出不穷的危机发挥了相当大的作用。盐业的征税制,后来被国民政府全面继承并积极推行。盐业与盐利,也就此逐步走向现代。

小结

国家获取盐利,实际上是税人与税商两种税柄的混合使用。刘晏创设的盐业许可制,为帝国获取了可用来救命的大量盐利。在许可制中允许私商世袭垄断的纲盐制,奠定了扬州盐商的富裕。不过,不管是专营制、官营制还是许可制,是全面垄断还是部分垄断,只要有垄断,就免不了产生老问题,经营效率低、产品质量差、盐价高等。以放开民间经营为前提的征税制,才是真正最有效率也最有利于国家的盐利制度。

本章内容至少以下几点值得重视:

一、杨炎和刘晏虽是政敌,但他们推行的改革挽救了安史之乱后唐朝的财政危机。杨炎的两税法,为帝国奠定了正统的财政收入制度;刘晏的盐业改革,为帝国财政提供了收入弹性,常常扮演救命钱的角色。

二、因为帝国时期食盐消费弹性低且不可替代,消费数量在人际之间变化不大,所以盐利本质上是人头税。从盐业获取财政收入,实质上是税人与税商的结合。

三、刘晏的盐业改革把国家专营改成了许可制,实行民制、官收、商运、商销的流程,这种设计很容易就吸引了私商的参与,效率大大提高,盐的品质和数量也得到了改善和增长。这样的盐业许可制,正常情况下可以补充两税收入,遇到特殊情况,还能通过紧急销售许可证来获得临时性收入。

四、从晚清到北洋政府,盐业体制改为"就场征税、自由贸易"的制度,效果更好,国家也因此获得更多的收入。

税商：
为什么商业发达救不了大宋？

从税柄来说，国家在财政上可以实行税人、税地或税商。因为重农抑商是历代王朝的国策，所以一般由税商获得的财政收入不多。可是帝国时期的宋王朝是异类，在国策上就重商，商业也发达，财政依靠税商所得超过了税地。常有人说，宋王朝"积贫积弱"。说大宋"弱"也许有道理，如果是指它没能恢复汉唐旧土，还在金和蒙古的打击下，接连丧失国土直至最终亡国的话。但大宋肯定不"贫"，它的财政收入数量远超其他王朝。

现代财政有一个名词叫"拉弗曲线"，用来描绘政府税收收入与税率之间的关系。"拉弗曲线"说明高税率和强征管可能造成税收数量的减少而不是增加。事实上，宋高宗对秦桧就表达过同样的意思，那就是设置更多的征税机构去加强征管，在关卡征多次"过税"，并不会带来更多的税收收入，反而既伤害民众也伤害国家（"比闻州县多创添税务，因此商旅不行，所在货少，为公私之害"）。你看，宋高宗都懂得的道理，不需要等到800年后再由美国的拉弗教授来阐明吧。

宋代的商业为什么发达？

一幅《清明上河图》，告诉我们宋代商业极度繁荣的状况。可为什么会这么繁荣？今天的我们，也许能找出很多原因。比如中华文明在经济和文化上的积累在此时迸发，像生产工具的革新、农作物新品种的引进，还有农业耕作方式从单作制变成双熟制等。此外，士族门阀在唐末的彻底消亡也是一个原因，由此诞生的平民社会，给社会流动和契约形成带来极大的机会，由此创造出更大的市场范围，并带来更精细的分工。这些当然都对，但我要说的是，最主要的原因，恐怕是宋代自开国以来就实施的重商政策。

宋代的重商，奠基于初始的"不立田制，不抑兼并"国策。我在"两税法"一章说过，在唐中期之前，君主经常通过调整田制来重申自己的产权，同时保证民众有土地来承担田赋。但在两税法之后，国家正税只依赖于税地，土地归谁对国家没有影响，只要土地主人照实按田亩缴税即可。于是宋初统治者规定，国家不再干预田制，土地就此真正成为可交易的普通商品。契约性的土地买卖和租佃关系由此得以发展，土地和人口的流动增强，农作物和经济作物可以广泛地进入市场，或者为市场而生产。农业领域浓厚的商业气氛和农业生产的发展，又为以雇佣劳动为特征的商业和手工业的发展奠定了基础。

宋代的重商政策，还体现在一些具体的政策设计方面。比如，宋代初始，国家就基本上取消了过去王朝对商人在政治、经济、社会生活上的歧视政策，承认士农工商"四民皆本"，特别肯定富商大贾"为国贸迁"的作用。流风所及，有不少官宦人家，甚至以娶到有钱商人家的女儿做儿媳妇为荣。宋代还将经济机会广泛地向私人开放，允许和鼓励商人进入生产和贸易等活动中。在社会管理方面，国家也向有利于商业活动的方向发展，比如完全废除了唐代定时定点的坊市交易制度，城市经济生活完全开放。

特别能体现宋代重商并因此进一步推动商业发展的，是宋王朝制定的系统的商税征收条例。宋太祖建隆元年（960），国家就下令明立"商税则例"，并且公布于众，不许官吏擅自增税，竭力约束大小官吏勒索刁难商贾等。国家还制定了许多政策法规，用来严格市场管理、统一度量衡器、保护私人财产。

宋帝国为什么会重商？

宋代为什么会对商业重视到将其上升为国策的地步？对于这个问题，今天我们可以总结出许多原因，比如延续五代各政权的政策惯性等。但最重要的原因恐怕在于，宋帝国始终处于国家生存竞争之中，同时或先后要应对契丹、党项、女真、蒙古等少数民族建立的强大帝国的武力威胁；为了凝聚内部力量以有效应对外来危机，政府不得不承担起养兵、养官、养民三大职能，为此需要重商以增加财政收入。

所谓养兵，是说宋代不得不建立专业化的军队，人数多、组织和装备程度高，以至于军费开支庞大。所谓养官，是说为了赢得知识分子的忠诚，宋代不得不对官吏采取优待政策，科举录取人数多，官吏数量大、俸禄厚、赏赐多，为此官俸支出极高。所谓养民，是指宋代不仅继承和发展了过去的荒政，尽一切努力用粮食救济灾民，还发展出"由胎养到祭祀"的福利制度，利用财政资金举办各种社会福利项目等。

如此巨大的财政支出和颇为积极的国家职能，自然要求财政收入的巨大增长来支撑。可是依田亩而征收的正统两税，收入数额在宋太宗至道年间就已达到了两宋时期的最高水平，此后不再增长，因而不能以此应对危机。所以,宋代在财政上必须采取其他途径,那就是努力从工商业获取财政收入来源,实行税商。因为税商的存在,国家与商人成为命运共同体,所以宋代在国策上才如此重商。对此,宋末元初的学者马端临就总结说,以前的国家厌恶商人从事商业行为,就立法加以抑制;现在的国家要想分商人的利,于是立法加以保护:

> 古人之立法,恶商贾之趋末而欲抑之。后人之立法,妒商贾之获利而欲分之。

宋代如何税商?

宋代实现税商,主要有两条途径,一是针对消费弹性低的特殊商品实行禁榷制度,二是对消费弹性一般的普通商品征收商品税。

上一章说过,宋代在食盐产业中混合使用了官营制、许可制和征税制,这种混合的制度可统称为禁榷制。大致说来,禁榷的目的就是把私商的力量广泛引进低弹性特殊商品的经营领域,以提高效率、降低成本,国家也分享其中增长的利益。除了前面说过的盐利外,国家还对酒、茶、矾等商品实行禁榷。禁榷收入,主要以货币形式获得,其数量与两税收入相当甚至超过(货币尤其是纸币本身也成为财政收入的来源之一,"回买公田"一章将说到这个问题)。这是宋代财政收入独冠历代王朝的秘密。"两税法"一章提过黄仁宇先生的一个估计,他认为依靠两税的明王朝每年的正式财政收入在3500多万两白银,而宋王朝达到1亿多两。

特别是南宋,它通过海路与阿拉伯商人从事着大量的贸易活动,其中香料是最重要的商品。由此获得的混合海关税、官营外贸利润、许可费的市舶收入,在避免南宋王朝财政崩溃的过程中发挥了巨大作用。历史学家白寿彝估计,在南宋初年,仅市舶收入就能占到全部财政收入的五分之一。

除了禁榷收入外,税商还表现为对普通商品征收商品税。在宋代,政府在上至京城、下至县镇的广阔范围内,广泛设置各级征收商税的机构,形成了一个比较完整的商税网。涉及生产、生活的物品,大多要征税。商税的种类,主要是在过关卡时征收"过税",以及在市场就交易额或商人财产征收"住税",此外还在货物买卖需国家确认产权时征收契税等。相对而言,疆土面积较小的南宋,在财政上更加倚重于商税。

税商为什么救不了宋帝国?

文化璀璨之宋帝国的灭亡,总引起人们的同情。在今天看来,对外战争的失败只是其中一个原因,而内部财政崩溃则是另一个值得关注的原因。这种财政崩溃,在相当程度上又与税商有关。支撑宋王朝财政的税商,为什么又与大宋的财政崩溃有关呢?

前面说过,宋代税商,通过对一般商品征商税、对特殊商品实行禁榷,获取的收入有效帮助了帝国应对国家间的生存竞争。不过,商税收入主要取决于商品经济的发达而不是高税率与强征管。在远离工业革命的时代,能够用于交易的商品数量总是有限的,因此可用来征税的经济剩余也极为有限。至于高税率与强征管,若达到了一定程度,让商人无利可图,商业活动就会减少,商税将不增反减。这一点,本章开头提及连宋高宗也早已认识到。在实践中也确实如此,虽然商税征收在加重,但到宋英宗以后,商税数额未再见增加。至于针对特殊商品获取的禁榷收入,自然也有其限度,增加收入越来越困难。到了南宋后期,其他特殊商品的禁榷收入已不能增长,只有人头税性质的盐利成为越来越重要的禁榷收入。这实际上表明对特殊商品的税商已达到极限,只能单纯依靠盐利这样的人头税措施来重度盘剥民众。

税商获取的财政收入难以增加,宋代统治者就只好进一步地增加两税的附加税。增加两税附加税这样具有压迫性的税收,民众难以逃避且税痛感强烈。到了南宋,由于国土面积变小、军事压力增大,中央政府屡屡向地方政府征调财赋,或者把一些开支项目转移给地方,地方政府为此不得不以附加税或各种苛捐杂税为由向民众征敛。由于征敛压力来自上级,当地方官吏在征敛时贪腐,上级也难以禁止。在这些额外的征敛之下,百姓的处境日趋恶化。民生凋敝,帝国因损害了自身的基础而无力应对外来武力,最终崩溃。正像唐太宗的名言:

> 割股啖腹,腹饱身毙。

小结

宋代始终处于国家生存的竞争之中,为此在财政上养兵、养官、养民,导致支出巨大。为了应对支出需要,不得不主要依靠税商,从一般商品税和特殊商品禁榷收入中获取财政收入的增长弹性。为此,宋代自立国起,就制定了高度重商的国策,但在宋代,工商业能提供的财源毕竟有限,国家只好通过盐利等人头税和苛捐杂税等税商措施来敛财,最终导致民生残破。可以说,大宋帝国"成也税商,败也税商"。

本章内容至少以下几点值得重视:

一、宋王朝比起汉唐王朝要显得弱,但并不贫。宋朝商业繁荣,还成功实行了税商,财政收入数量远远超过了其他王朝。

二、因为宋帝国始终处在国家生存竞争中,所以在立国之初就把重商作为国策，取消对商人的歧视政策，开放各种经济机会给私人，还制定了系统的商税征收条例。

三、宋朝实现税商主要靠两个途径，一是对消费弹性低的特殊商品实行禁榷制度，二是对普通商品征收商品税。

四、宋朝商业再发达，也还是农业社会，能够用来交易的商品数量是有限的，税商可及的经济剩余也是有限的。商人因重税无利可图，商业活动就会减少，最终税商收入不增反减。经济基础与民众支持也因此被损害，在外来武力打击下，大宋灭亡。

理财术：
王安石变法如何挑战帝国整体制度？

在法国国王路易十四时期，财政大臣科尔贝尔给税收下过一个经典的定义："税收是一种拔鹅毛尽量让鹅少叫的艺术。"收税是一项艺术，如果能达到"民不加赋而国用饶"，那显然就达到了最高水准。北宋时期的王安石，在变法时声称他的理财术就是这样。千百年来，对王安石和他的变法措施，一直议论不断。赞颂者认可王安石的变法勇气，称赞他的"天变不足畏，祖宗不足法，人言不足恤"的"三不足"宣言至今仍能鼓舞改革者的行动；否定者认为，王安石变法追求财利扰动天下，造成民生贫困，应该为北宋灭亡负责。但无论是赞颂还是否定，几乎一致的意见是，王安石变法失败了。

可我要说的是，从解决北宋财用危机的角度来说，王安石变法并未失败；只不过比起两税法这样沿用千年的制度来说，王安石的变法措施后来几乎被废尽，可说是失败。即便说王安石变法确实失败了，那也不完全是前人所说的那些原因，比如皇帝性格软弱，王安石动作急躁，或者大地主、大官僚的抵制等。王安石变法的失败原因，是受限于帝国的整体制度。

王安石的理财术

在上一章我提到，宋帝国始终面临着巨大的外部威胁。为了应对生存危机，财政上一直有巨大的支出压力。王安石提出，善理财者不用担心财用不足，只要理财有术就会有充足的财力：

> 盖因天下之力以生天下之财，取天下之财以供天下之费。自古治世，未尝以不足为天下之公患也，患在治财无其道耳。

王安石肯定，自己的理财术可以实现"民不加赋而国用饶"。

意大利经济学家帕累托有一个概念，现在称为"帕累托改进"，说的是在增进或至少不伤害一方利益的前提下，设法提高另一方的利益。显然，王安石标榜的理财术，如果真能做到以不伤害民众为前提，创造出更多的财政收入，那就是一种帕累托改进。与传统财政的静态取财不同，这是一种动态生财的办法。

从现代财政的眼光看，能够动态生财无非有以下几个途径，而王安石变法正好都能体现。

第一条途径是发展生产、创造经济增值，"农田水利法"正好体现。王安石试图通过大力兴修农田水利、鼓励提高农业技术，以此来发展生产，实现官、民双方的利益增加。

第二条途径是通过自愿交易行为来增加官民双方的效用，"免役法"和"保马法"的目的就是如此。"免役法"允许那些苦于差役的人出钱免役，官府则花钱雇役，免役的人效用因此提高，政府也因收大于支而获得增收。"保马法"是官府资助民间养马，以代替原来耗资巨大、效果极差的官方牧场，这样既节约了政府开支，又增加了养马户的收入。

第三条途径是通过市场深化来获取财政收入，"青苗法""市易法"就是这个思路。在宋代经济发展过程中，出现了对资本借贷的要求。而国家通过两税法和税商措施，征收了大量的钱粮，放在库房中并不能创造经济增值。于是，王安石通过"青苗法"，将官府手中的钱粮，按低于民间高利贷的利率贷给民众，既可以帮助民众度过青黄不接的春荒，又让官府获得利息收入。"市易法"规定，设立机构向商人提供低息贷款，或者贷款给官营商号去收购商旅卖不出去的货物，以待机转卖。这是把官府库房中的钱粮资源，转化为资本性商品。

第四条途径是通过加强财政管理来扩大财政收入，"方田均税法"就是这样。"方田"是清丈田亩、整理土地账册，"均税"是落实"履亩而税"。这样既能增加财政收入，又能减轻普通民众的负担。

理财术的特殊之处

从王安石变法的本意来看，它确实是一种动态生财的理财术。不只是这样，如果你跳出宋朝，从整个帝国历史来看，还会发现王安石变法很有新意。

在帝国财政史上有一个突出现象，王朝中期一般都会进行财政改革，但改革大多遵循如下的常规路径。

财政收入改革，一般都是努力恢复以农户家庭上缴的田赋为主要收入形式。在做法上，要么调整田制，努力保障小农家庭对土地的分散占有，以使其有承担田赋的能力；要么通过土地清丈、严格账册管理，从而将田赋负担落实在田亩基础上，实现"履亩而税"。

财政支出改革，一般是努力贯彻量入为出的原则。在做法上，大多是压缩各项开支特别是皇室与官俸支出，削弱国家的部分职能，从而以有限的支出来维持帝国固定有限的职能。

在财政管理上，除了加强行政管理的正规化之外，主要是尝试用不同的方法来调整低弹性特殊商品的管理体制。在做法上，要么更多地引进私商，要么加强国家的垄断，以期望获得更多的收入。

王安石变法既是历代王朝中期财政改革的一次重演，理财术的许多内容也遵循了帝国财政改革的常规，比如方田均税法、农田水利法、免役法等，又具有相当的新意。

在财政收入方面，王安石更为重视采用平等交易的商业行为来增加收入。他试图在民众自愿的前提下，通过双方交易来增加彼此的收益，比如在保马法中的官民两便的合作，青苗法中将未商品化的资源投入市场等。

在财政支出方面，王安石突破了传统财政"量入为出"的原则。他不相信压缩官俸等支出对财政有意义，认为"增吏禄不足以伤经费也"，声称只要理财得当，就能通过大幅增加收入来满足支出的需要。

在财政管理方面，王安石并不依靠调整特殊商品管理体制来增加财政收入。他的理财术，几乎没多在盐、茶等特殊商品方面做文章。可后来打着他新法旗号的蔡京，主要手段变成了从特殊商品管理方面敛财，失去了王安石的新意。

王安石变法失败了吗？

前面说过，单纯从解决财用危机来说，王安石变法算不上失败，它大大增加了北宋在当时那个时期的财政收入，支持了国家对外用兵的行动。比如，变法后的宋神宗元丰年间比变法前宋仁宗当皇帝的嘉祐年间，财政收入增加了63%以上。但王安石宣称的"民不加赋而国用饶"的目的，却未达到。比如，本应该对生产影响最为直接的农田水利法，因各级官吏弄虚作假，大多以费官财、劳民力而告终。在免役法实施过程中，原来没有差役负担的人户也要纳钱助役；但征收免役钱后，官府又命保甲组织无偿承担差役事务。以借贷生息为指向的青苗法，也衍变成单纯的敛财工具，官吏们根本不去考虑民众对实际资金的借贷需求，强行把钱粮摊派给他们，然后要求他们到期归还本息。所以，到后来新法大多异化为残民措施。北宋熙宁九年（1076），王安石辞去宰相，一直反对变法的司马光上任当了宰相，变法措施几乎被全盘废弃。

千百年来，人们都在追问王安石变法为什么会失败，总结出来的原因真是说也说不尽。在今天看来，即使判断王安石变法失败，那最为重要的原因也不是别的，而是它对帝国整体制度构成了挑战，最终这一挑战并不成功。

首先在财政收入方面，他试图以商业行为来增加收入没有成功的可能。要通过商业行为，以自愿交易为手段增加双方的效用，至少得有两个前提：一个是比较坚实的个人产权基础，如此才有交易的对象；另一个是比较健全的市场中间组织，如此才有交易的渠道。但在帝国时期，君主在理念上拥有天下所有的财富，财产权并非严格的个人私有制，也缺乏严格的法治基础。大规模的中间组织，如银行和商业公司等也非常缺乏，交易渠道极其狭窄、交易成本过高。比如，黄仁宇先生曾举例说，在青苗法中，官府库房中的钱财需要有现代银行作为中间组织才能将其转化为资本，以完成借贷、回收本息的过程，但那时的大宋并不具备这些，最终带来的只是赤裸裸的权力压榨。

其次在财政支出方面，要突破"量入为出"的原则是难以成功的。王安石试图通过开发财富来增加收入，以应对支出的增加。而要开发财富源泉，就意味着帝国必须担负起更多的经济和社会职能，开发富有经济剩余的工商业经济。这样原先以有限职能为前提的财政支出，就需要转变为以促进资源开发和推动工商业经济发展为主要方向。可财政支出方向的调整，意味着帝国制度与运行原则再也不能停留在原地，而必须整体向现代转型。在当时的历史条件下，可能性有多低可想而知。

最后在财政管理上，王安石变法对当时的官僚制度与官僚能力提出了过高的要求。王安石变法，既需要各级官吏有为民众提供服务的愿望，又需要他们有为民众服务的能力。为此，不仅需要在道德伦理上对各级官吏进行教育和约束，更重要的是官吏的去留应由民众决定，这就显然对建立民主制度提出了要求。而要使官吏具备为民众服务的能力，就需要改变官吏的教育和选拔方式，这又对教育内容与科举方式提出了变革的要求。王安石在变法过程中确实也对科举方式进行了改革，但并不成功。

小结

王安石变法是想用理财术来实现"民不加赋而国用饶"的目的。在当时，王安石的做法对解决财用危机有一定作用，但因为挑战的是整个帝国制度而归于失败。从梁启超开始直至今日，有无数人惋惜王安石变法的结局。我觉得除了因为在人心思变的大环境下，大家都期盼出现有勇气的改革者之外，可能还有以下两个原因：第一个原因是，王安石变法运用商业手段来管理财政，这件事特别有现代色彩，所以这份惋惜实际上是对中国没能靠自己生发出来的力量走向现代国家表示遗憾；另一个原因是，在中国古代治国理财的实践中，重农抑商这个正统原则，始终压制着重商这个非正统原则，王安石、管仲、桑弘羊等人的做法，其实是代表了少数的例外，所以这份惋惜表达的也是对晚清以后重商原则上升为主导性原则的欢迎。

本章以下内容值得重点关注：

一、王安石认为，自己的理财术不同于在现有财富上尽可能多取的静态取财观，而是一种可以在不伤害老百姓的前提下创造更多收入的动态生财观。

二、王安石动态生财的四个途径分别是：靠发展生产来创造经济增值；通过自愿交易行为来增加效用；通过市场深化来获取财政收入；通过改进财政管理来扩大财政收入。

三、王安石变法大大增加了北宋的财政收入，支持了国家对外用兵的行动。变法后的元丰年间比变法前的嘉祐年间，每年的财政收入增加了63%以上。

四、王安石变法措施后来几乎被全盘废除，之所以遭遇如此的失败，深层原因是它无力挑战帝国的整体制度。

军事财政：
为何帝国千年无法摆脱两难困局？

还记得我在"前言"中说过的岳飞的事吗？我们熟悉的历史是，在郾城大捷后，岳飞被十二道金牌召回。岳飞为什么那么听从命令？除了他的忠心，除了韩世忠等其他将领已经奉诏之外，最重要的是财政上的原因：在宋代的军事财政制度下，岳飞不得不服从。这一章说说帝国时期的军事财政制度，以及帝国在制度设计时碰到的两难困局。

岳飞服从命令的原因

为了不让唐末五代时期的藩镇割据局面重演，北宋初期在军事上设置了兵、将分离的制度，但由此导致的"兵不识将、将不识兵"，又严重影响了军队的战斗力。金兵入侵后，在那几支始终处于战斗前线的军队之中，将领与士兵建立了密切的私人关系，战斗力因此提升，并形成了像岳家军这样以统帅为核心的家军制。不过，由此也带来了中央对军队的支配权的减弱。于是在宋金达成和议后，几支"家军"被迅速整编为皇帝的御前禁军。

为什么南宋朝廷能够如此顺利地收回兵权呢？一个非常重要的原因是，即使在家军体制下，绝大部分军费也由中央集中供应。在"前言"中我提到，以南宋绍兴七年（1137）为例，当年中央财政收入勉强达到6000万缗（贯），而供应岳家军的军费就接近700万缗。岳家军之所以可以"冻死不拆屋"，岳家军之所以能被顺利地收为御前军，主要原因在于中央财政机构一直在拼命地保证军队的后勤和军饷。当时，中央财政极其困难。在国土面积几乎只剩下一半的条件下，朝廷要供应军费，一是靠进一步地从盐、茶、香等特殊商品的禁榷制度中获利，二是增加各种附加税，三是实行经界法，清丈田亩，努力征足两税，四是竭力节省开支，大大减少皇室供奉与祭祀支出，连官员俸禄也常常只发一半。由于在北方作战的军费供应的负担，基本都落在南方仅剩的疆土范围内，苦于军费负担的民众，对于议和休战的呼声很高。这也是宋高宗召回岳飞，而岳飞不得不服从的大背景。那这么一说，是不是就证明宋朝这种军事财政制度不好呢？还不能这么下结论。

两种军事财政制度

宋朝的这种军事财政制度，叫作募兵制，即招募职业化士兵，长期脱离生产，持续地训练，以便掌握专业化武器和复杂的组织方式，能够随时展开防御或准备进攻。这样的话，配套的财政管理就是集中供给制，国家得统一负责士兵的装备、薪酬等，这当然就需要巨大的军费支出。

在帝国历史上，还有另一种和募兵制相对的军事财政制度，叫兵农合一制，即授田于全体或部分农民，由他们平时耕种土地，农闲时参加军事训练，战时自带装备从事战争。国家平时不支付薪酬，只在战时供应粮草与赏金，士兵还可以获得战利品。这样，财政管理上就是分散负担制，绝大多数军费负担并不显示为财政支出，而是分散为民众家庭的负担。前面我说过，这是把军事成本内化为民众自身的负担。

在整个中华帝国漫长的历史上，军事财政制度就是在募兵制与兵农合一制两种制度之间来回交替，或者运用某种组合的方式，努力在成本与效果之间寻求平衡：募兵制财政成本高，但作战效果好一些；兵农合一作战效果差，但财政成本低。

自战国直至汉代，国家实行的是兵农合一制，常备的专业化士兵只保持在很小的规模。但是兵农合一制度并不能满足庞大的帝国与经常性的战争要求，特别是在雄才大略的汉武帝统治期间，因为经常打仗，物资调运与兵员配备任务巨大，对士兵的素质和数量的要求也越来越高。于是，汉代国家开始普遍地征收代役金，将普通民众的兵役负担转化为财政义务，并用这样的资金支持逐渐扩大的职业军队，即转向募兵制。

"租庸调制"一章说过，从北朝至隋唐初期，国家在关中等部分地区对一部分百姓实行"府兵制"，这又是兵农合一制度。这样的做法在唐中期被逐渐放弃，募兵制代替府兵制成为主要的军事制度。到了宋代，这种募兵制被全面地继承。

可到了明代初期，明帝国以卫所和军户制度为主体，在一定程度上再度恢复了兵农合一制。与府兵制的不同在于，卫所遍布全国各地，军户有专门的军籍、专门的土地，供他们平时耕种。无论平时还是战时，军户都受军事上级的管理，每家都有专人参军并接受常年训练，再由自家土地出产负责供应，这似乎是结合了府兵制（军费分散为民众家庭负担）与募兵制（士兵接受常年训练）的优点。在历史上，曾有人对这个制度有很高的评价，说：

一军之田,足以赡一军之用,卫所官吏俸粮皆取给焉。

不过,在黄仁宇先生看来,这一说法是一个神话,不足为信。

到明代中期,由于卫所的土地大多被军官兼并,军户沦为军官的佃农,甚至大量逃亡。在卫所制度败坏的前提下,募兵制再次兴起。我们熟悉的戚家军就是募兵制下的军队,军费由国家统一供给。到了清代,仍实行募兵制,以满族、蒙古族人为主的八旗军队和以汉族人为主的绿营军队,都由财政集中供给。

不可承受的帝国军费之重

在募兵制和财政集中供给制度下,军费开支体现为帝国的主要财政支出,尤其是在发生军事行动之时。在两宋期间,由于战争频繁,军费开支经常占财政支出的80%以上。到明代初期,由于外来威胁不明显,再加上实行卫所和军屯制度,在财政上军费开支一度不高。但从明代中后期开始,由于募兵制大量代替了卫所制,加上战争频繁,军费开支常年占财政支出的60%以上。到崇祯年间,由于清朝在东北兴起,军情紧张,军费开支大增,甚至国库都被掏空,军事行动只能依靠皇室财政来维持。在清代初期,军费开支的比重仍然极大,如康熙初年的军费支出占财政支出的比重超过80%。在此之后,军费开支比重稍有下降,但也基本在50%以上。到了晚清,由于对外战争接连失败,加上内部叛乱不止,军费支出呈现出爆发性增长的趋势。军费成了吞噬财政的黑洞,国家很少有财政资源去履行最具有公共性的社会与经济职能。

在军费支出大规模增长、帝国正常财政收入不敷使用之时,除了压缩开支特别是公共性比较强的社会经济支出外,主要的应对手段有3个:一是依靠增收田赋附加税;二是靠捐献,即出售官爵、动员盐商报效；三是宫中府中节约消费，硬性扣减官吏薪俸等。这样的措施一用再用，勉强让帝国渡过了因军费开支增长引发的历次临时性财政危机。只是到了晚清，上述措施也到了极限，再也无法应对军费增长和战败赔款带来的财政危机。

帝国框架内难以解决军事财政问题

帝国以土地为支撑点，共同体的公共权力表现为君权，以君主拥有天下土地的产权形式来实现共同体对土地的占有。这样，共同体对外扩大生存空间或者保护现有文明的要求，就表现为君主对外扩张的雄心或者防备外敌夺取江山的私心；共同体内部破坏秩序的行为，就表现为对君主个人的叛乱。国家承担的对外战争与防御，对内平叛等活动，在财政上就表现为军事支出。该项支出既有利于君主也有利于国家，对老百姓来说也是好事，因为在稳定和平的社会环境下才能够安居乐业。

对外的扩张，可能在两种情况下终止：一种是国与国之间谁也征服不了谁，于是在战争的铁砧板上打造出国家间的边界；另一种是遇到扩张的自然边界，即在自然条件约束下帝国再行扩张的成本明显高于收益。到了明清时期，部分原因是因为历史上跟游牧帝国的互动在此时大致达到了双方力量的均衡，但更多的是因为自然边界的约束，中华帝国看上去失去了对外扩张的意愿与能力。比如清代的统治者，在领土方面的最高目标仅是恢复汉唐旧土，再也没有对外扩张的欲望。再加上清政权是由满蒙少数民族联合入主中原而建立的，传统上针对游牧民族的军事防御也不再重要。于是此时的军队，主要任务已转为镇压内部的叛乱。直至清末，随着西方列强的入侵，情况才有了变化。

如果说在中华帝国的前期和中期，军队与军事财政在一定程度上履行了内外安全的职能的话，那么到了晚期，效果越来越差。到了清代，民众用巨大的财政开支所供养的军队，只是用来镇压内部的自己人。在太平天国运动中，清政权甚至不能有效地恢复内部秩序。更不用说，在西方列强的入侵战争中，清王朝军队节节失败。对内不能恢复秩序，对外不能防范侵略，那么以如此巨大的军费开支所维护的帝国，还有什么存在的价值呢？

宋高宗曾经说：

> 用兵惟在赏罚。若用命者必赏，不用命者必罚，何患人不尽力？

在他以及所有的皇帝看来，士兵本质上就是雇佣兵，只有钱才能让他们卖命。正因如此，帝国军费开支负担才会越来越沉重。意大利思想家马基雅维利曾警告统治者，雇佣军既糟糕又危险，他们只对军饷感兴趣而无忠诚可言；事实上，雇佣军既没有足够的能力击败敌人，又可能反过来危害国家或者君主。

今天的我们知道，唯一可靠的军事制度是征召民众组建国民军，由国民出于责任感保卫自己的国家。可要让国民愿意纳税并为这样的国民军志愿服役，前提是国家的成立必须基于公意，并且为公共利益服务。只有这样，才能让民众感觉到保卫的是自己的国家。这样的国家显然只能是现代国家而不会是帝国。所以，说到底在帝国框架下，并无真正解决军事财政问题的办法，曾经有效帮助中华民族生存、文明扩展的帝国制度，该退出历史舞台了。

小结

帝国的养兵方式似乎只能是在兵农合一制和募兵制之间来回选择。在兵农合一制度下，士兵无法适应长时期与大规模战争的需要，而募兵制形成的军费开支容易成为吞噬财力的黑洞。总体而言，军费开支在帝国期间越来越庞大，这大大挤压了社会和经济支出的空间，国家也没有能力完成最具有公共性的社会与经济职能。越到帝国后期越显示出，民众用巨大代价供养的军队，对外不能承担扩张与防御的任务，对内也无法有效地维护秩序。

本章内容至少有以下几点值得重视：

一、在宋朝的军费制度下，不管是不是忠心，岳飞都不得不服从皇帝召回军队的命令。宋朝当时的国土面积几乎只剩一半，还要拿出庞大的军费，于是给老百姓增加了巨大的税收负担。

二、中华帝国在历史上，募兵制和兵农合一制之所以来回交替出现，其实是在成本和效果之间做两难抉择。

三、募兵制的本质是雇佣兵制，士兵没有忠诚可言，帝国军费开支负担也因此越来越重，士兵作战的效果却越来越差。唯一可靠的军事财政制度，是民众自愿参与并纳税供养的国民军制度。

回买公田：
实物资产能救帝国的命吗？

关于两宋，历史上流行一个说法，叫"北宋缺将，南宋缺相"。南宋权臣贾似道似乎印证了后一个说法，即他不是一位好的宰执大臣，而是一位该被钉在历史耻辱柱上的人物，甚至很多人说他要为南宋的灭亡负责。因为贾似道做过南宋的太师，还被任命为平章军国重事，这是比当朝宰相地位还高的职位，可以说是大权在握。

贾似道的罪状非常多，比如利用权力排除异己，纵情享乐不管国家安危等。这一章我要说的是其中一项，叫"回买公田"。为什么叫"回买公田"呢？它的意思是说，国家以前拥有的公田流失了，现在要把它们买回来。回买公田如果按照市场原则进行，那就不会成为史上著名的扰民事件了。之所以如此有名，且成为贾似道的罪状，就是因为它事实上是强买。所以，回买公田实际上是强买民田。这样一种侵犯私权尤其是侵犯官僚地主利益的事情，被后世一再地谴责。

这个回买公田有什么特殊的呢？如果说它只是一个奸臣的胡作非为，那就不值得在这里提。之所以要说，是因为它背后有一个重要的财政问题,那就是,回买公田是用实物资产及其收益来保障国家运行的一种尝试。这样的做法虽然有一定的效果,但终究救不了帝国的命。

贾似道为什么要回买公田?

南宋末年,在蒙古军队大规模入侵的压力下,国家财政极度紧张。为了挽救财政危机,在皇帝的支持下,贾似道从南宋景定四年(1263)起,对江南地区的官户、民户的逾限田(即每户人家超过200亩以上的田地),抽取三分之一买为公田。在当时,回买公田被认为有五个好处:生产的粮食可以供应军需,不再用纸币强行采购百姓的粮食,可以减少纸币的发行量以提升其价值,可以平抑物价,可以抑制富民的势力。为了推行回买公田,贾似道带头把自己在浙西的万亩田产交了出来。这个政策在设计时,购买的只是官民的逾限田,但在实施过程中却走了样,变为不分对象地强制购买,甚至连只有一百亩田地的民户也不能幸免。购买的价格也大大低于市场价,支付的手段很少用金银等金属货币而多用纸币,甚至用僧道的度牒和荣誉官员头衔来支付。仅仅半年时间,官府就买进了350万亩田地。

传统史书将这一事件解读为贾似道个人的胡作非为或者昏庸误国,却忽视了该事件背后的财政原因,也不管它在当时条件下确实对财政提供了帮助,尤其是确实保障了前线军队的粮食供应。在此事件中,受损最大的官僚地主掀起一轮又一轮的反对浪潮。于是贾似道惶恐地建议还田于民,可理宗皇帝回应说:每年的军饷都靠这些公田,没了公田,财政怎么办,军饷怎么办?

为什么要用土地来提升纸币价值？

在回买公田事件中，始终绕不开的话题就是纸币。纸币在那时被称为楮币，因为它是用楮树皮所造的纸印刷的。纸币是回买公田的重要原因，因为朝廷打算用田地及其粮食出产来减轻国家对纸币发行的依赖，提升市场对纸币的信心，这在当时叫作"重楮"。可在回买过程中，纸币又成为主要的支付手段。今天我们知道，如果准备金充足，且与经济发展、金融深化程度保持一致，那么国家发行纸币是可以带来一定财政收入的，这叫作"铸币税"；这样的纸币发行也不会伤害民众的利益，甚至能促进经济的发展。当然，这一切有一个前提，那就是民众要对发行纸币的国家有信心。

宋代由于商品经济繁荣，民间早就产生了自己的纸币，用以补充市场流通中金属货币的不足，比如北宋期间民间诞生以铁钱为本位的交子，后来交子被政府接管并一度滥发。南宋绍兴三十年（1160），朝廷接管了临安商人以铜钱为本位发行的纸币"会子"，即由朝廷发行"会子"为民间商业提供流通手段，同时获取财政收入。为了增强民众对会子的信心，一开始南宋朝廷发行这种纸币是分"界"的，每界大致为两年或三年，到期再用金属货币、盐茶实物或许可证（"引"）来兑换，还有一部分用新纸币来更换。这种到期可兑换的纸币制度，确实增强了民间对会子的信心。

在蒙古铁骑步步进逼之时，正统的农业两税、特殊商品的禁榷以及各项附加税，都已无法增长，南宋朝廷只有将发行纸币作为唯一的增收手段。可纸币发行过多过滥，民众信心又不足，纸币不断地贬值，严重影响了民众的日常生活和经济活动，也不利于发行新纸币。贾似道在执政期间也曾整顿纸币，但由于手中并没有充足的金属货币或实物资产来兑换旧币，整顿没有效果，纸币更被人轻贱。于是，回买公田就成了贾似道几乎唯一可以使用的手段。但结果正像我在前面说的，在回买的过程中，纸币又成了主要的支付手段，发行量不减反增，不但没有解决纸币的信用问题，反而加剧了通货膨胀。

由于采用了强制的手段，回买公田并未增强民众对国家的信心。不过，在购买之后，如果官僚机构能够成功地经营公田，那至少可以用出产的粮食供应军队，并用土地和粮食这样的实物来维持纸币一定的信用。为此，南宋朝廷也想了很多办法来经营公田。对于这些公田，朝廷先按乡设官庄，直接派官去经营，此时的农民相当于国家的雇工。由于官僚机构的惰性及其经营能力的低下，这一做法并不成功。后来朝廷罢除官庄，改用包佃法，由国家设立催租官，让老百姓自行承佃并按时交租，此时的农民相当于国家的佃农。由于对佃户压迫深，民众不愿意佃租公田，大量良田因此抛荒。于是南宋朝廷又让提刑司兼领催租事宜，把租佃、催租这样的经济行为和刑罚的措施结合起来，佃种公田的老百姓就更加没有积极性了。

可见，南宋末公田的经营不成功，获取的粮食收益并不多，更不能用来提升民众对国家的信心，反而让他们离国家更远。用回购公田来挽救纸币和财政的危机，在当时未获成功。

国家的财政立足点到底在哪里？

帝制时期，君权的合法性源于君主对土地的产权，即"打江山者坐江山"。因此，以土地为代表的实物性资产是君主行使统治权的心理基础。在南宋末年政权危机之际，在纸币因国家信用低而接近破产之时，贾似道及其君主下意识地去抓土地这一救命稻草，用实物资产来增强国家的财政基础，这一做法到最后并不成功。当然，南宋在当时面临的其实是它自身几乎无法抵御外敌入侵的军事力量，由此造成的财政危机也近乎没有成功解决的可能。所以，今天的我们不必像传统史书那样，一味地谴责贾似道是个奸臣，而应该看到回买公田这件事，虽然有盘剥民众的问题，但毕竟为解决危机提出了相对积极的对策。

其实不仅仅贾似道有这样的想法，哪怕是到了1917年，财政学家葛德雪在面对奥地利因第一次世界大战造成的财政危机时，开出的药方仍是"把财产还给国家"。他的意思是，现代国家因为被剥夺了财产，所以在财政上不得不依靠来自有产阶级的税收，这样一种没有财产的国家很容易被有产阶级操控。与此同时，因为没有财产，国家受到了普遍的敌视：有钱的人敌视国家，因为国家要从他身上征税；贫穷的人也敌视国家，因为在自己贫弱无助时国家无法给予帮助。所以，葛德雪认为，国家必须获得实物资产，依靠自己的收入才能克服当时的危机。

不过，20世纪的历史发展证明，葛德雪没能给出正确的答案。国家确实屡遭财政危机，但是让国家拥有实物资产是否为解决之道呢？这个问题可以从两方面去考虑：一方面国家未必能有效地经营资产，由此可能无法产生足够的收益去挽救财政危机，就像贾似道回买公田之后的历史教训那样；另一方面，实际经营控制国有财产的那些权贵，可能由此获取暴利和特权，国家不但不会获得多少收入，反而会因为公共性被破坏而使老百姓更加敌视，就像盐铁会议上文学贤良指出来的那样。因此，作为财政手段，实物资产恐怕不但救不了帝国的命，也救不了现代国家的命。

那么现代国家的财政立足点在哪里呢？现代国家依靠由组织承载的公共权力（即主权）作为自己的支撑点，支撑现代国家的是主权的合法性而不是实物资产。这种合法性，来自组成共同体的民众的同意与授权；这种同意与授权不是虚拟的或者在遥远过去一次性授予的，而应该由常设组织与定期选举来表达。因此，在现代，民众对国家的信心来源于主权制度的建设，即构建起反映民意或者说由民众行使权力的政治机构。这样的国家，在财政上不像城邦那样依托于人口实行税人，也不像帝国那样依托于土地实行税地，似乎在收入的支撑点上最空虚，没有土地和人口那样的实物基础，但事实上却最为坚实。只要基于民众同意的、有组织支撑的主权存在，就可以向拥有财产与收入的人群征税，国家财政也就不会破产。这也是现代国家在危急时刻用来救急的手段——公债，能够大规模发展的真正原因，因为民众对自己的国家有信心。

小结

南宋末年为了挽救深重的财政危机，权臣贾似道采用了回买公田的制度，以便供应军队粮食并增强民众对国家发行纸币的信心。但由于国家对官田经营不善，没法产生足够的收益去挽救财政危机。强买民田的行为，进一步摧毁了民众对国家的信心，因此回买公田并不能挽救国家的命运。实物性资产不是帝国的财政立足点，它也不是现代国家的财政立足点。说到底，只有基于民众同意的现代国家才可能真正获得可靠的财政基础。

本章以下内容值得重点关注：

一、南宋权臣贾似道回买公田，虽然侵害老百姓利益，但也有客观存在的苦衷。因为国家需要抵御外部入侵，希望靠公田生产的粮食供给军队，而不必用纸币强行采购老百姓的粮食。

二、要想让纸币发行不伤害民众的利益，还能促进经济发展，最重要的前提是要民众对国家有信心，相信国家发行的纸币能够买到相当于票面价值的商品。南宋后期，纸币发行过多，严重影响了老百姓的日常生活和经济活动。

三、南宋末年的经验证明，帝国不能有效地经营实物性资产，也就没有办法产生足够的收益去挽救财政危机。最终，实物资产救不了帝国的命。

掠夺性税商：
帝国财政能和百姓利益共容吗？

　　税商是帝国围绕商业活动获取财政收入的一种方式，它取得的收入不仅包括对工商业活动及收益所征的税收（类似于今天的商品税、所得税等），还包括国家通过官营商业（包括货币发行）、许可证发售等行为获得的收入。相对于以缴纳粮食为主的税地，税商披着自愿交易的外衣，更容易让纳税人接受。可是，如果国家税商超过了必要的限度，可能会让纳税人因无利可图而停止商业活动，甚或因耗尽民众财源而导致王朝灭亡，总归是纳税人与国家双输。为了避免双输局面的出现，国家可能会有两种做法：一是在税商时自己设限，比如历代统治者都说要避免竭泽而渔就是如此，"税商"一章说到的宋高宗也有这样的认识；另一种是通过与纳税人谈判来确定限度，以取得双赢，这是西欧现代化过程中见到的现象。

　　在中国历史上，商业繁荣除了前面说过的宋帝国外，还有元帝国。在当时，元帝国和世界上不少国家都有频繁往来，商品经济和海外贸易都很繁荣。来到元朝的各国使节、传教士、商人，可以说是络绎不绝，元大都也成了闻名世界的商业中心。像宋帝国一样，元帝国也高度依赖于税商。不过，元代的税商，掠夺性特别强，几乎未见到元代统治者有像其他王朝那样的自我设限行为，更未像西方那样形成谈判机制。

元王朝不到百年就覆灭了。对于灭亡原因，有人说是因为自然灾害造成经济崩溃，也有人认为是统治阶层内斗，各种说法都有。本章我将从财政角度来找原因。元朝覆灭的财政原因，在于其建立的是一个掠夺性税商的财政制度，最终带来了统治者与民众的双输。

元代财政，为掠夺而生

在"商鞅变法"一章我说过，帝国虽然以君权为核心、以土地为支撑点而建立，但它毕竟承认君主应该"为天下人位天下""为天下治天下"的制度理想。用历史学家钱穆先生的话说，那就是政权的生命依赖于某种正义理论的支撑："正义授予政权以光明，而后此政权可以绵延不倒。"可是在相当程度上，元代财政在一开始就是为掠夺而建立的，其制度并无高明正义的理想。

成吉思汗建立蒙古政权后，在财政上要么依靠掠夺，要么依靠奴隶放牧，而奴隶也来自掠夺。成吉思汗的名言是，天下土地宽广，全靠自己去占，掠夺别人的一切才是男人最大的快乐。即使到了政权相对稳定的窝阔台时期，他也曾认为中原地区的汉人得来无用，考虑杀光，以便让草木生长，把地用来放牧。不过大臣耶律楚材劝他保留汉人从事生产，然后向他们征税，这样一年至少可以得银五十万两、绢八万匹、粟四十万石，远远胜过掠夺或者放牧。于是，蒙古政权在中原地区开始建立征税制度。一年之后，窝阔台高兴地对耶律楚材说，要不是你的建议，我怎么能得到这么多钱？

由于立国就出于掠夺，元初统治者就用一套极为简陋、粗疏的方式来安排财政活动，行事时又往往随意突破，因此被后人讥讽为"最无制度"。财政官员的任命也以利为先，开国初几位财政大臣，大多是来自中亚的商人，并无治国的经验。各行省财政官员，常常任用那些号称能带来更多收入的人。在元世祖忽必烈时期，姚文龙声称可以从江南地区获得 2500 万两银子的财赋，于是被任命为江西宣慰使。可见，就像钱穆先生说的，元代"与中国历来传统政治判然绝异"。

元代掠夺性税商之恶

在收入形式上，元代财政制度既税地也税商。不过，即便税地，也大量采用了方便的货币形式，从而与商业活动紧密相连。元代从北方收取粮食、丝料和钱钞，从南方征收两税（以秋粮为主）。即使加上各种附加，税地的收入规模也远远不如税商，甚至比盐利所得还要少。

就税商来说，对象有两部分。一部分是通过类似宋代禁榷的形式，从盐、茶、酒醋等特殊商品中获取财政收入。特别是盐利这一实质性的人头税，有时能占当年正式岁入的一半以上。另一部分就是商税，包括常课和额外课。由于元代版图广阔、人员与物资流动频繁，商税收入成为政府重要的收入。

在元代，税商时税额变化不定，没有统一标准，官吏暴敛强征，都属于财政制度方面的恶，但其中最大的恶还要数税商中的包税制和滥发纸币两项。

包税在元代称为"扑买"，由商人一次性或定期向政府缴纳固定金额以获取征税权。在中国历代王朝之中，只有在制度简陋与征管薄弱的元代才大规模、长时间地实行包税制。在元太宗十一年（1239），天下商税的原定额为白银 110 万两，商人奥都剌合蛮以

220万两买下商税征税权。自此之后,包税制泛滥。在包税过程中,公权与私权混淆,商人与权贵勾结,包税商肆意扩大征税范围或提高税额,恣意刁难和勒索百姓,以扩大自己的收入。在当时,耶律楚材就曾说包税制为害甚大,断言"民之穷困,将自此矣"。

在元之前,各王朝财政运行的方式大多是以实物为主、铜钱为辅。元代由于商业比较繁荣,在金属货币不足的前提下,民间对纸币的需求量比较大。于是元朝廷以白银为本位发行纸币"银钞",将财政运行与商业活动合为一体。由于纸币可以很方便地成为掠夺民众财富的工具,因此发行纸币成为税商的特殊形式。在元至元十二年(1275),财政大臣阿合马首次运用增发纸币的方式来弥补财政赤字,自此开启了以纸币获取收入的大门。至元二十三年,元朝廷发行了面值为1.5亿两白银的纸钞,使得钞值大贬,物价腾贵达10倍。此后,元朝诸帝不断加大纸钞发行量。到元末,财政山穷水尽,纸钞成为几乎唯一的救命手段。在民间,纸币形同废纸。元朝灭亡,和纸币制度破产关系密切。

如何才能产生有共容利益的税收制度?

在财政学上有一个"坐寇—流寇定理",由美国经济学家奥尔森提出,跟上面窝阔台和耶律楚材的讨论内容很相似。奥尔森发现,在中国20世纪初期军阀混战的年代,靠征税的"坐寇"比靠劫掠的"流寇"能获得更多的收入。根据这一现象,奥尔森提出了一个国家诞生的模型,那就是:原来统治者靠随机的、不受约束的劫掠获得收入,后来发现以保护秩序、提供公共产品来换取人民缴税更符合自己的利益,于是国家产生。此处的关键是,必须建立起约束统治者征税权的机制,这样人民对财产和收益有稳定的预期,才会有生产的积极性;据此征税的统治者,才会与民众建立起双赢机制，形成共容利益。著名思想家熊彼特也说过一个相似的命题，说的是类似征收商品税这样的行为，可能会带来统治者与纳税人的谈判，而不断的谈判就能形成以代议制度为核心的现代国家。

问题是，流寇变成坐寇一定会带来双赢的税收制度吗？征税一定会带来谈判机制吗？就欧洲的经验来说，实现这一过程实际上有两个条件：一个是统治者与被统治者之间实力相差并不悬殊，就像在英国，几位男爵联合起来就可以打败国王；另一个是统治者与被统治者之间事先就有某种协商机制，以便借此可以发展为谈判制度，比如西欧普遍存在的贵族会议。

从北宋、南宋直到元代，我们可以看到随着农业经济的成熟，帝国的商业活动随之发展。国家有可能借助于税商获得比税地更多的财政收入，或者用商业手段以更低的成本来运行财政。可是，元代财政始于掠夺，终于民众与国家的双输，奥尔森与熊彼特的设想并未实现。这是因为，在元代广阔的国土和悬殊的军事力量面前，民众没有逃税避税的能力，更没有谈判的实力与机制，所以约束统治者"掠夺之手"的制度无从产生。

说到底，在税商方面约束"掠夺之手"要的是制度，而不是统治者的自觉。这一点，不但"最无制度"的元代不具备，制度成熟的帝国其他王朝也难以具备。只有在现代国家，约束"掠夺之手"的制度才具备，这就是民主的立法与独立的司法等制度与机构。

在明王朝建立后，朱元璋鉴于宋、元的教训，知道帝国财政建立在税商基础上可能会过分掠夺民众，于是他排斥税商，重建税地作为自己的主要收入来源，甚至将通过税地获得的两税肯定为主体收入形式，由此诞生了黄仁宇先生所命名的内向、保守的"洪武型财政"。

小结

元代财政是为了掠夺民众的财富而产生的，因此大量使用了最为便当的税商形式，并特别运用了包税制和滥发纸币这两种恶劣的掠夺手段，以至于到最后带来官民双输的结果。元代财政的历史经验说明，在统治者与被统治者之间实力相差悬殊、缺乏潜在的协商机制前提下，奥尔森所说的流寇变成坐寇并未带来具有共容利益的双赢机制，税商也未带来熊彼特预言的代议机制的出现。明王朝吸取了元代的教训，转而重建税地的财政制度。

本章内容有以下几点值得关注：

一、从财政的角度看元朝灭亡的原因，是因为元朝的建立缺乏制度理想，采用掠夺性税商来获取财政收入。

二、元朝以税商为财政手段来实现掠夺，实际上就是没有节制地盘剥老百姓。例如税额没有统一标准，各级官吏横征暴敛等，尤其是包税制和滥发纸币这两项，更是恶劣的掠夺手段。

三、国家要避免税商超过限度，一种方式是自我设限，靠统治者自觉，另一种是程序设限，通过和纳税人谈判来确定界限。

四、中华帝国因为民众和国家实力悬殊太大，很难形成协商机制，想要产生约束统治者"掠夺之手"的制度，困难重重。

第肆部分

回归税地不动摇,
做一个稳当当的大帝国。

帝国成熟

空印案：
帝国实现有效治理到底难在哪里？

明朝开国皇帝朱元璋的故事有不少，明朝之所以能延续276年，跟这位明太祖在开国初建立的制度有很大的关系。后世的皇帝对他评价很高，比如清朝顺治皇帝就说："历代贤君，莫如洪武。"当然，对朱元璋也不全是在夸。历史上对他常见的批评就是猜忌和残杀，最典型的就是著名的"洪武四大案"。朱元璋以各种由头，连坐诛杀大批官员，加强自己的皇权。打击面有多广呢？比如蓝玉案，是朱元璋觉得有一位叫蓝玉的大将要谋反，于是大开杀戒，最终被诛杀的人超过1.5万人。

在"洪武四大案"中，有一个案子和财政有关系，叫空印案。空印，是说在空白文书上事先盖好印章。过去对这个案子的解读与评价，一般集中在两点：第一点，这是一起冤案；第二点，朱元璋的个性实在残暴。在这一章，我想从财政的角度为你解读，目的自然不是向你解说朱元璋的残暴个性，而是借此案来讲讲中国财政管理中的账册制度，以及在账册制度中反映出来的帝国有效治理的难题。

什么是空印案？

在明初，每年年底，各省都要派专人携带省布政司提交的申报表册，向皇帝汇报本省在这一年的财政状况，具体由户部负责检查，这在当时叫作"考校钱粮"。但在这一制度运行过程中，有两个现实的困难：一是，如果有些收支项目户部不准许，那该省就必须修改然后重新提交申报表，可是不少省离首都非常远，在当时的交通条件下，重交新表需要的交通与时间成本过大；二是，携带申报表的专员往往承担了给中央上解税粮的任务，而税粮解运在路途上是有损耗的，地方官员不能预知实际解运到中央仓库的税粮数字。于是，就有一个变通的办法，那就是到户部汇报的官员携带一些盖好布政司大印的空白申报表，到时把中央仓库实际收到的上解数字填入，或者在有需要时将户部核准的新数字填入表格中，以完成地方对中央的汇报过程。

可是朱元璋对此极不满意。他认为，空印意味着地方官员在弄虚作假，犯了欺君大罪，同时也给贪污腐败大开方便之门。为此，在洪武九年（1376），朝廷按照空印文书上的署名，大肆逮捕相关官员，处死了其中数以百计的人，遭连坐的有好几万人。有一位叫郑士元的御史，因为空印案被抓了起来，他的弟弟郑士利替他辩解，向朱元璋上书说，携带到户部的空印申报表事实上并不能用作他途，没有可能从中贪污；而且更重要的是，朝廷原来并没有正式法令禁止使用空印，现在用临时的规则惩办过往的行为是不公正的（用今天的话说就是违反了"法不溯及既往"的原则）。但郑士利本人，也被严惩。

今天的我们很难相信，在财政账册制度中行之已久的空印做法，朱元璋会不清楚；这件事情恐怕也不能完全归咎为朱元璋心狠手辣，不考虑实际困难。因此，他发起空印案，应该有更深的意义，接下来我们再说。

通过财政账册实现国家治理

帝国要对广土众民实施治理，自然离不开各种文书图籍、档案簿记等文本。在财政上，很早开始就通过各种账册制度，让国家掌握财政收支与仓储情况。更重要的是，中央政府通过钩稽账册之间的数据、查证账册与实物之间的对比，来监控地方政府、管理社会。在明代，体现国家对社会实施治理的人口土地图册和中央政府对地方政府实行监控的会计账册是最为重要的财政工具。

明代初期，政府在调查人口和土地状况的基础上，重建了人口和土地图册。洪武三年（1370），通过普遍调查登记人口，明政府建立了记录人员和财产的户帖制度。在户帖制基础上，洪武十四年，以户为单位建立了更为严密的人口账册制度。这一账册登载各户的姓名、年龄、丁口、田宅、财产，以里（110户人家编为1里）为单位汇总装订；因为送户部的账册以黄纸装面，所以称"黄册"。制度上规定，黄册每十年一造，经核定后，一式四份分别送户部、布政司、府、县，以作为征派钱粮、佥发徭役的依据。登记土地的主要为鱼鳞图册，它起源于宋代的土地清丈与地籍登记活动。洪武二十年，土地登记又进行了制册活动。册上载明田主姓名、田地面积与质量状况，并绘制成图，田图状似鱼鳞，所以称为"鱼鳞图册"。制度上还要求，地方政府必须及时把土地产权变更情况记录在内。

在明代，户部代表中央要求各级地方政府每年编制各类财政账册，并层层上报。前面提过，在年底前，反映各省情况的报表统一由省布政司进呈皇帝，由户部来进行实际的审查。明代财政上的各种会计与统计报表，均以"四柱"为基本格式，反映财政资源的"旧管"（上期结余）、"新收"（本期收入）、"开除"（本期支出）、"实在"（本期结余）四个基本数据。户部、省布政司、州县衙门直至民众各自掌握的账簿，其间的钩稽关系都要经得起检查，包括上级的常规性检查以及御史的临时性检查。在上交的这些报表里，下级官员必须为其中的数据，作出解释和说明。户部在收到省级上交的报表后，会将地方官员的上报数据与京中原有的相关数据进行比对，以确保所有的收入与支出都对得上，并且所有的支出都事先经过同意或至少有辩解的理由，然后户部对这些报表进行或者批准或者驳回的处理。空印案的发生，就以此为背景。

空印案中帝国治理的难题

从制度上看，空印案显然是恶劣的。这是因为，反映地方政府收支状况的财政账册，居然可以临时填写，而且在填写之前就已用印，这意味着具体经办人员无论怎样填写都已经被主管官员认可。如此一来，通过财政账册来监控下级政府及具体经办官员的目的，显然达不到。可是在实践操作中，如果不使用空印，账册制度运行就可能成本过高或者根本不可行，就像此案中存在的重造账册的可能以及上解钱粮的损耗等问题。

所以，空印案不能仅仅解读为朱元璋个人的品性问题，而应该从中看到帝国治理的难题。就是说，为了维护国家的统一和实施有效的治理，中央政府必须确立制度的原则性，通过刚性的监控制度，来管理下级政府及民众；但是，对帝国广土众民实行管理，又必须给各级政府和具体经办官员一定的变通空间，以获得操作的灵活性。为了解决原则性与灵活性产生矛盾时的两难问题，在现实中发展出两种方法：第一种是以非正式制度的灵活性来补充正式制度的原则性，第二种是以君主的灵活性来补充正式制度的原则性。

在帝国财政运行中，第一种方法体现为正式财政制度与非正式财政体系两者展开分工与合作。明代正式的财政制度，其精巧与严密已达到很高的程度，体现在上面说的各种财政账册上。可是，在非正式财政体系运行中又有极大的灵活性，比如空印案中那些盖印的空白申报表。此外，在明代，地方官员还常常通过非正式收入的收取，如火耗、捐献等（后面章节会专门说到），来应对现实中的非正式支出要求，比如雇佣非正式政府职员从事公务或举办地方公共事业等。在相当程度上，这些非正式制度已成为上下默认的"陋规"，在保持帝国制度原则性的前提下，为地方因地制宜运行政务、发展公共事业提供了可能。但是，灵活的非正式制度的大量存在，往往又破坏了正式制度的原则性。而且，由于非正式制度始终介于非法和合法之间，这就为官民行为留下许多不可预期的空间，也因此成为君主出面整肃官场、确保正式制度的理由。

在帝国财政运行中，第二种方法体现为君主一方面依赖正式的制度，另一方面又无视正式制度，靠制造例外来取得某种灵活性。这是因为，君主必须依赖正式制度，比如财政账册，来规范国家的正常运转、约束每一个官僚。但是，君主若完全依赖正式制度，他自己也就成为官僚系统中的一员，无从体现君主的超然和自主地位，以及君主个人利益的保证；更重要的是，君主可能难以应对复杂的、不断变化的现实，特别是难以控制官僚的诸多灵活性行为。于是，君主就需要运用非正式手段或制造例外去控制官僚。

非正式手段之一就是运用政治罪来突破正式制度以整肃官僚阶层，就像朱元璋在空印案中运用的欺君罪。不过，如果君主制造太多的例外，又会削弱正式制度的力量。特别是对一些昏君来说，可能会频繁地突破必要使用例外。在帝国时代，君主制造例外的权力事实上是无从制约的。正像郑士利指出的那样，空印案涉及到破坏"法不溯及既往"的原则。因此，在以君权形式表现公共权力的帝国制度中，虽有必要将君主的灵活性与正式制度的原则性相结合，但由于这种灵活性凌驾于正式制度之上，君主很可能会将自己的个人利益凌驾于国家的公共利益之上，最终伤害公共利益甚至君主的家族利益。由此，帝国制度暴露出了自身深刻的矛盾性。

小结

明初空印案，反映了帝国正式财政制度的原则性与经办官员操作的灵活性的配合难题。正式制度的原则性，在明代财政领域有一个表现就是完善起来的人口土地图册和各种会计报表制度，国家借此可管理社会、监控地方。但在庞大帝国实施有效治理，又不得不需要一定的灵活性，为此发展出大量的非正式制度和灵活的操作行为配合正式制度的运行，并以君主超脱于正式制度之外制造例外来加以配合。但这样也可能会导致非正式制度与行为破坏正式制度，让君主因个人利益而破坏公共利益。

本章以下内容值得重点关注：

一、朱元璋认为空白表格提前盖好印章，意味着地方官员可以任意弄虚作假，也给贪污腐败打开了方便大门，于是大肆逮捕官员，处死了数以百计的人。

二、为了维护国家统一，实施有效的治理，中央政府必须确立制度的原则性，但又必须给各级政府和具体经办官员一定的变通空间，让操作具有灵活性。

三、在帝国时代，君主制造例外的权力虽有必要，但因为没有制约，所以他很可能会把自己的个人利益凌驾于国家的公共利益之上，最终伤害公共利益甚至皇室的家族利益。

官俸制度：
帝国薪酬体系制定为什么难？

海瑞是明代中期有名的清官，除了正式的微薄薪俸外，他不接受任何额外的收入。可是做清官是很辛苦的，哪怕是像海瑞那样最高做到正三品的官员。他买两斤肉为母亲做寿都能成为官场的谈资，去世时留下的财产甚至不够自己的丧葬费。很显然，那个时代的大多数官员不可能像海瑞一样自我牺牲。事实上，在官俸之外，他们还有大量的其他收入。正因如此，明代至清代官员的低薪俸问题以及与此相连的贪腐问题，一直是中国历史上的热点话题。在今天看来，明清两代表现出来的贪腐，在很大程度上并非道德问题，而是官俸制度出了问题；而官俸制度的问题，也不是因为制度设计者犯了错误才会这样，而是因为帝国制度发展至此已开始暴露出自身无法克服的缺陷。

明代的低官俸

我先从一个历史故事讲起。在明末崇祯皇帝刚即位的时候，他发出号召要求"文官不爱钱"。但有一位叫韩一良的低级官员，对此不以为然。他上书给皇帝说，官员上下交往到处要用银子，那点薪水怎么够啊？我交往少，两个月还收到 500 两银子呢，当然这钱我没拿，可别人不得不拿啊。

海瑞的辛苦和韩一良的上书，都揭示了明代的一个突出现象，那就是官俸低微。以洪武二十五年（1392）的俸禄标准为例，正一品只有禄米 1044 石。而在汉代，最高级别的丞相，一年俸禄为粮食 1 万石，几乎是明代正一品收入的 10 倍。明初规定的俸禄标准，后来还成为不得更改的祖制，沿用数百年不变，直到清代仍基本如此。

如果考虑到明清两代政府部门有不少公务开支是由官员私人承担的，那这点官俸就更低了。比如说，科举出身的官员不通实务，要处理公务就要聘请师爷来协助。可在明代中期以后，知县聘请的师爷，年薪一般在 100 两白银以上，而且至少要聘请刑名（司法）和钱谷（财政）两名师爷，但知县自己的年薪最多只有 45—80 两。

由低官俸引发的贪腐问题

如此少的薪水，要应付巨大的开支，在现实中就不得不另辟蹊径，从财政上来说就必然要发展非正式财政体系。非正式财政体系，用来提高官员个人收入、给承担公务的师爷等人提供薪金，甚至为地方政府提供办公经费。

非正式财政收入最终肯定要通过某种手段从百姓身上获取，但却不能简单地将其视为贪腐。在这些手段中，首先是由州县官员在征收田赋时收取附加，一般用的名义叫"火耗"，就是说用来补偿把收到的散碎银两熔铸成整锭银元宝时的技术损耗（一般为 2%），但实际收取的火耗可能在 10% 以上，有些地方甚至收到 80%。除了火耗之外，州县官员在办理公务过程中，还通过书吏、衙役等与民众直接打交道的人，想方设法从老百姓手中收取各种费用、捞取各种好处。这些额外费用或好处，以及民众用各种理由送给州县大小官吏的礼物，州县官吏送给上级官吏的各种馈赠，通常被称为"陋规"或常例。就是说，它并非随意收取，习惯上有一定之规。在陋规收入之外，各级官员还有可能通过加派或种种其他途径获取收入，这些就应该被视为贪腐了。但在贪腐与陋规之间并没有确切的界限，于是在正式薪俸之外，我们就似乎看到了普遍的贪腐现象。

可见，明清时代官员的贪腐现象，在很大程度上并不是道德问题，而跟官俸制度规定有关。

明代低官俸标准的由来

从财政上看，明代之所以制定如此低的官俸标准，至少有两个原因。

一个原因是明初物价水平比较低，朱元璋又出身贫苦，所定薪俸标准在他看来已足够维持良好生活了。但随着经济生活水平的提高以及物价的上涨，他定下的薪俸水平越到后世显得越低，可作为祖制又不能更改。

另一个原因是，明代以两税为正赋和主体收入，可来自农业经济的两税带来的财政收入水平并不高，前面说过，基本定额是2700万石粮食。由于正式财政收入总额基本固定，于是官俸支出总额就不得不严格控制。可是，明代国家为了扩大统治基础，大大增加了科举名额，需要财政供养或补贴的官员、候补官员甚至官学学生的总人数远超以往朝代，这样单个官员的薪俸水平就不得不压得很低。

制定官俸标准的两难

这么说来，是不是明初设计官俸制度时犯了错误呢？如果设计得好的话，是不是就能让官员不贪腐呢？我要说的是，朱元璋在明初并不是任意建制的，除了上面说到的两个原因外，他还受到以下两个官俸制度设计原则的约束：一是要设法降低财政成本，二是要增强对官员的激励。但问题是，这两个原则是相互冲突的。朱元璋在设计官俸制度时，吸取了宋代财政的教训，更多地倾向于前一个原则，即设法降低财政成本。

官俸高低自然是影响财政成本的重要因素，官俸标准高，财政成本自然就高，反之则低。不过，除了官俸标准高低之外，影响财政成本的还有官俸制度的运行成本。帝国时期，影响制度运行成本的主要是收付形式。在实物财政体制下，官俸制度运行的成本最高，因为有大量的粮食、纺织品、盐、香料等实物的收付。在货币财政体制下，运行成本比较低，主要涉及金属货币或纸币的收付。不过，从表面看来，制度运行成本最低的，是授予封地或分给各级官员公廨田、职田，或者给予公廨钱。只要将土地授出或钱款拨出，之后经营土地或放贷钱款并以此获利，都是官僚自己的事情，不用计入财政成本中。但是，这样做会大大减少国家手中的资源，分散国家的财力，运行效果极差，对财政而言在成本上并不合算。因此，周王朝初期以封地收入作为官员俸禄的办法，在春秋战国时代就已被改变，大多数官员没有封地，少数有封地的官员也只能获得封地上的租税。从秦汉至唐宋，国家都曾拨出职田、公廨田或公廨钱，但因公私不分和运行效率低下而产生大量问题，而且大大减少了国家（君主）手中的财政资源。因此，在南宋末年财政极度紧张的前提下，公廨田或公廨钱等一律收归中央，不再存在。

在帝国时代，给官员适当激励的目的，是要赢得他们的忠诚与工作效率，而这至少要考虑两方面因素：一是薪俸水平是高是低，关键在于它能否让官员获得高于平民的生活水平与财富积累，以便提升其社会地位与职业自豪感；二是随职务高低而调整薪俸等级，再通过君主的特别赏赐，以便激励官员的工作积极性与个人对君主的忠诚。在历史上，官俸标准有一个从爵本位向官本位过渡的过程，帝国初期以爵位等级为标准，获得以粮食或货币形式支付的薪俸。到曹魏末年以后，薪俸的获得以官位或者说行政级别为标准。爵位仍然存在，但一般只是针对军功的奖赏。此外，官员还可能获得君主的恩赏。特别是在宋王朝，由于要与北辽、西夏等政权竞争士人的忠诚，君主除了将官俸标准定得比较高之外，还屡屡从自己控制的内库中拿出钱物来赏赐官员，赏赐的钱财甚至常与正式官俸相当。就是说，在宋代君主看来，激励的重要性超过了财政成本的约束性。不过，君主赏赐在制度上缺少理性的标准，而且激励效果如何事实上很难估计。这个不仅是今天的看法，其实早在北宋时期，司马光就屡次谏阻皇帝给官员大量赏赐。

到了明代，朱元璋基于帝国过往丰富的历史经验来设计官俸制度。最初，朱元璋也是给百官按品级授职田，以田租来抵充俸禄。鉴于历史教训，政府很快下令收回职田，改为发放俸禄。由于宋代高标准俸禄和丰厚赏赐严重影响了财政的运行，此时明朝又不用像大宋那样与其他政权竞争士人，再加上受制于偏低的财政收入总额，所以朱元璋设计了我前面说到的官俸制度。于是，明代（以及承明制的清代）官员没有职田或公廨田收入，也很少有宋王朝那样的恩赏收入，只有与官职相关的水平不高的俸禄。

由朱元璋手中诞生的官俸制度，显得更加理性，财政运行成本低，官职也更像是国家的公职，而较少君主私人恩宠或私相授受的色彩。不过，显然，该制度对官员的激励也不足，低官俸甚至不能维持海瑞这样的清官的生活，官员贪腐也因此有了更充分的动机与理由。

难以克服的制度缺陷

明代官俸制度的问题，当时的人不是没有认识到，也不是说没有君主去想办法解决。比如说清代雍正皇帝发动"火耗归公"改革，部分原因就是要纠正明代留下来的低官俸问题，特别是在制度上解决官员的贪腐问题。雍正帝宣布，原来地方官员自行使用的"火耗"名义，现在可以正式使用了。就是说，他同意各省在交给中央的正项钱粮基础上，附加一个统一比例来增加由省支配的财政收入。因火耗而获得的附加收入（"火耗银"），一大部分用于补充官员的薪俸，这被称为"养廉银"。养廉银的数额，远超正俸，一般要高出一二十倍，甚至上百倍。不过，在雍正帝之后，官员的贪腐现象不仅没有消失，反而似乎愈演愈烈。

当然，官员贪腐问题有非常复杂的成因，在这里无法一一细说。仅仅从财政史来看，除了低官俸原因外，明清时代官员贪腐问题之所以看起来异常严重，至少还有两个原因。

第一个原因是，在明代以前，因为存在着公廨钱、公廨田或职田等提供的利息或地租收入，官府的公共收支与官员的个人收支混在一起，所以那时官员挪用甚至盗取公共收入在表面上看不出来，也不表现为贪腐行为。但在明清时期，公廨钱、公廨田、职田都已经消失，在制度上官员只有官俸收入，超出官俸的其他收入都可视为贪腐。因此可以说，未必是明清官员的道德水平比过去王朝的更低，而是在官俸制度日益理性化的背景下，过去隐藏在公廨钱、公廨田中的贪腐问题此时显现了出来。

另一个原因是，到底多少官俸才能让官吏过上体面的生活，让他们既有工作效率又能保持廉洁，这在帝国条件下是没有办法确定的。事实上，官员合理的薪俸水平问题，只有在现代国家才有解决的可能。现代国家的办法是，将官员区分为常任的事务官和依靠选举获任的政务官，事务官的薪俸水平由竞争性的劳动力市场决定，而政务官的薪俸水平由选民的压力和政务官个人的政治雄心决定。

小结

清官在明清时期之所以辛苦，是因为正式官俸水平低。低官俸水平，使非正式财政体系在现实中有发展的必要，但是收取非正式经费与官员贪腐两者之间并无明确的分界线。正因如此，明清官员显得腐败严重。可这个问题并非官俸制度在初使设计时出了差错，而是帝国制度发展到明清时代，原先隐藏的制度缺陷得以充分地暴露。

本章以下内容值得重点关注：

一、朱元璋在明朝开国时，确定了很低的官俸标准，并且要求后世作为祖制不得更改。

二、帝国的官俸制度设计存在着两个互相冲突、难以解决的原则：一个是设法降低运行成本，另一个是设法增强对官员的激励。

三、清朝雍正帝发动了"火耗归公"改革，想通过养廉银制度增加官员薪俸，纠正明代留下来的低官俸问题，即通过提高财政成本来增强激励性，但官员贪腐现象仍然严重。

四、明清官员的道德水平未必比过去王朝的更低，而是在官俸制度日益理性化的背景下，过去王朝隐藏的贪腐问题，在取消公廨钱、公廨田、职田制度后显现了出来。

五、官员合理的薪俸水平问题，事实上只有在现代国家才有解决的可能。办法是将官员区分为事务官和政务官，常任的事务官的薪俸水平，由竞争性的劳动力市场决定，而依靠选举获任的政务官的薪俸水平，由选民的压力和政务官个人的政治雄心决定。

货币财政：
白银帝国是如何形成的？

在武侠世界里，大侠们身上似乎总有花不完的银子。可你知道吗？中国古代经济直到明代中期以后才白银化，那时大侠们才可能随身携带白银作为常规付账手段，财政运行也在此后才找到比较可靠的货币形式。

在古代，货币不仅仅是今天的金融问题，更是具有高度政治性的财政问题。在明代中期，中国之所以能成为白银帝国，主要原因在于有大量外来白银流入。这足以说明，中国古代的经济，可能并非有些人想象的那样总在坐等西方世界来连接，而是早已卷入了全球化之中。

货币是一种重要的财政管理工具

在古代财政中，实物财政的地位非常重要。对财政来说，实物运行方式的好处是能适应战争的需要，男耕女织的家庭上缴的粮食和纺织品可以直接供应军需。此外，对农户来说，自己的出产不需要经由市场转换而让商人剥削，这么做十分方便不说，还不会让中间商赚差价。但是，实物财政在运行时，无论是运输、仓储还是调配，都远不如货币方便。因此，除了个别历史时期，中国古代的财政运行还是会在实物财政的基础上尽力使用货币。

仅就财政来说，使用货币至少有三个方面的好处。

一是增加财政收入。国家发行货币形成的购买力减去货币制造成本后的差额，就形成财政收入。这样的财政收入有两个可能的来源：一个是国家垄断货币发行权，由此获得了垄断利润；另一个是政府强制规定的货币购买力若超出市场认可的购买力，其差额就相当于征了一道税收。

二是进行经济和社会管理。用国家发行的货币代替市场自发产生的货币，可信度高，可以减少社会经济的运行成本，促进其发展；同时，国家也可以通过粮食、商品、金属货币轻重等相互间的关系，调节生产和流通。比如，粮食在帝国时期非常重要，那国家就可以通过仓储粮食和调节货币发行，来稳定粮食的价格。因为粮价稳定，其他货物的价格也可以跟着稳定下来。在古代，这样的管理智慧被称为"轻重之术"。

三是实行国家储备。在古代财政中，无论是为了完成时间上的再分配，即在一年内实现青黄不接季节与粮食收获季节之间的平衡、在不同年份间实现丰收年份与歉收年份之间的平衡，还是为了完成空间上的再分配，就是在不同地理空间内调配物资和财富，都要进行必要的仓储。在保证基本实物仓储量的前提下，财政上进一步储藏价值高、易转移且不变质的货币，显然比储藏容易腐烂损坏、不好运输的粮食、纺织品等，更有优势。

明代以前货币的发展

货币材质的选用，对于古代财政发展来说极为重要。除了在早期可能使用过贝壳等材质外,多数时候采用的都是金属货币,而金属货币又在铜、铁、金、银等材质之间进行过选择,后来也见到纸币的使用。

以铁等贱金属铸币,在帝国时期也曾出现过,比如在宋代的四川地区,但使用时间和范围都很有限。在元代以前,国家发行的货币大多以铜为材质。在财政上,由于铜矿发现不易、开采能力有限,铜币的铸造成本比较高,因此国家获得的财政收入并不多。随着商品经济的发展,在越来越大的商品流通量的条件下,铜币因笨重低值而不适合继续充当交易媒介。

在两宋期间,携带方便的纸币被民间创造出来,以便作为媒介低成本地推动商品交易活动。后来国家接管纸币的发行,财政上也因制造成本低而获得发行收入。在元代,纸币一度成为商品交易的主要手段。在"回买公田""掠夺性税商"两章说过,在南宋末和元代,国家都靠滥发纸币来增加收入。到明初,政府也曾大量发行纸币宝钞。由于帝国的执政者既缺乏准备金和纸币发行量等金融知识,更缺乏有效的手段来约束自己滥发纸钞的冲动,因此纸币往往变成国家掠夺民众财富的工具。

金、银,因其自然特性,比如价值贵重且相对稳定,易于保存、携带、分割等,比较适合作为货币。但在中国的地理空间中,金银的储藏并不丰富,因而在古代早期,金银并未成为主要货币。不过,按照史书记载,西汉时期盛行黄金,但到东汉时,黄金量急剧减少。东汉黄金的大量消失,在财政金融史上被学者称为"一个谜",迄今并无特别好的解释。

在帝国早期,金银作为支付手段用得极少,只在大宗贸易特别是在对外贸易中使用。到了宋代,由于经济发达而铜钱过于廉价,于是金银特别是白银开始在一些场合作为流通手段使用。官方用它来收兑纸币、支付禄饷，部分地承认了它的货币职能。南宋时期，对外贸易发达且长期为出超状态，因此由外部（日本、中亚、欧洲）流入了大量的金银，补充了中国本土储量的不足。这就是说，虽然在宋代使用铜钱才是统一的财政标准，但在民间其实早已开始使用金银。

中亚地区曾经长期广泛地使用银币，因此在征服中亚之后又征服中原和南方的蒙元政权，就在中原地区大量地使用白银，并以此作为财政单位。于是，中原地区开始有了大规模使用白银作为流通手段的习惯。不过，在"掠夺性税商"一章说过，元代大量使用的货币是以白银为本位的纸钞。

白银帝国在明代中期兴起

白银不是一上来就成了明朝的货币，也经历了一番曲折。一开始，明朝是实物财政，基本单位是粮食石。同时，明王朝还发行宝钞作为货币，并禁止民间用金银买卖货物，只能用金银换宝钞。可是后来，因为宝钞滥发，到了15世纪，民众已经对它失去了信任，而铜钱发行量又远远不足。国家为了获取财政收入，还主动铸造了一些劣等铜钱。因此，从东南沿海这些经济发达的省份开始，民众慢慢地将白银视为主要的货币，并在商业事务中习惯性地使用银两。到明英宗时，朝廷才开始不禁止民间使用金银，白银逐渐成为民间交易的通用货币。

后来，明朝廷发动财政改革，将原来实物性的赋役折成银两缴纳，白银就此成为朝廷的通用货币。之所以能够发动这样的财政改革，主要原因显然是通过长期的海外贸易而流入的白银到此时已经有了一定的蓄积。应该说，在这方面，西班牙人帮了大忙。西班牙殖民者从美洲殖民地掠夺来的白银，经马尼拉、澳门的贸易中转，大量流入了中国。此外，日本开采的白银也通过贸易流入中国。这一时期，大致美洲白银产量的一半、日本白银产量的大部分都流入了中国。根据学者万明的研究，仅1570—1644年70多年间，美洲白银就大约有1.3万吨流入了中国。当然，赋役折银改革又进一步地促进了美洲和日本白银的流入。

换言之，依托于境外白银的大量流入，明代中后期帝国终于建成了货币化财政。需要注意的是，此时作为小额单位的铜钱仍在民间大量使用，而且朝廷仍以粮食的石数作为财政基本单位。到了清代，才不再以粮食石数而以白银作为财政的基本单位。

在货币发展的基础上，资本与金融机构也有所发展。经营银钱兑换与借贷业务的钱庄，自明代开始大规模产生，并于清代大为流行。不过，钱庄的月利率经常达到3‰—9‰，这说明资本仍然缺乏。这就是说，白银货币化未能带来资本的深化，也未能发展出有效的货币金融机构与资本市场。

白银对帝国发展的影响

白银货币化的完成，对帝国发展影响深远。以现代的眼光看，贵金属白银成为流通领域中的主币，除了自身具有相对于贱金属而言的优势外，还有正反两方面的意义。从正面来说，相对于纸币发行，货币量取决于金属量，政府丧失了垄断货币的绝对权力，可避免政府滥发货币。从反面来说，由于不能随经济增长程度而增加货币量，有可能会导致通货紧缩，进而影响经济和社会发展。

明清两代的货币化财政得益于全球市场，中国经济也早就卷入全球化之中，但因此也使货币数量严重受制于国外流入的白银量。一旦外部流入的白银大量减少，就会严重影响到国内的经济与社会发展。17世纪，美洲白银开采量锐减，流入中国的白银数量也因此大幅减少。此时，日本也决定限制从中国进口商品，由日本流入的白银数量也跌落。流入白银数量的减少，是明末经济与政治危机的重要成因。

在清代道光年间，因鸦片大规模流入而导致中国白银不断外流，也引发了严重的危机。众所周知，鸦片战争的爆发和中国近代史的开端正是以此为背景的。货币问题的真正解决，有待于现代国家中相对独立的中央银行机构及纸币发行制度的出现。

小结

依靠货币来运行财政有很多优点，但在金银贵金属缺乏的古代中国，始终未能产生出运行良好的货币化财政。多数时候帝国以铜钱为基本货币，但因其价值低廉而不能适应经济发展的需要；在宋元两代，帝国曾发行纸币来运行财政，但因滥发而遭到失败。到明代中后期，因为西班牙人掠夺自美洲的白银流入以及日本出产的白银流入，帝国实现了货币化财政。由此诞生的白银帝国有积极意义，但也有受制于人的消极后果。

本章以下几点值得重视：

一、白银作为货币形式的确立，让帝国的财政运行找到了可靠的形式，从实物财政真正转向了货币财政。

二、发行货币对财政来说，具有以下积极意义：增加财政收入；方便经济社会管理；有助于国家储备。

三、白银成为帝国的主要货币，经历了漫长曲折的发展，直到明朝中期靠着从境外大量流入的白银，帝国才终于形成了货币化财政。

四、白银货币化也导致帝国的货币数量严重受制于国外流入的白银数量，这对帝国的稳定和经济社会的发展有很大影响。

张居正改革：
做个有作为的权臣为什么不容易？

帝国历史上有个现象很有意思，那就是每个王朝到了中期都会出现财政危机。原因也总是那么几个，比如收入不能应收尽收，支出不断膨胀，管理混乱、官僚懈怠等。每当这样的财政危机出现，一般就会同时出现有责任担当的大臣，针对以上问题发起财政改革、实行帝国自救。像我在前面说到的杨炎、王安石，都是如此。到了明朝中后期，财政危机又来了，于是再次发生了财政改革和帝国自救。

在万历初期，张居正发动了财政改革，并在财政史上留名。与以往朝代的财政改革相比，这场帝国自救行动既有相同的地方，也有不同的地方。不同的地方主要在于，过去的财政改革几乎都是明君贤相基于制度的积极合作，但张居正改革在相当程度上却纯粹是当事人勇于任事、煞费苦心的个人动作，是在危机重重的条件下所做出的最大限度的努力。因此，在这场改革中，张居正能够取得一定的成果，是相当不容易的。

张居正的财政改革

1572—1582年,张居正担任了年幼的万历皇帝的内阁首辅(内阁中位列第一的辅臣),有机会直面积累已久的财政危机。此时帝国面临多方面的财政危机,比如在收入方面,国家能够有效课税的田亩数不到洪武年间的一半,而且还在减少中。张居正对此的说法是,危机的原因在于豪强的土地不纳田赋,平民的税负过重以至于逃亡,所以国家收到的田赋太少。这其实是帝国财政一直以来存在的痼疾。在支出方面,支出数额逐年增长,财政收入甚至不能弥补一半的财政支出,赤字额每年都在增长。在管理方面,各级官员都有行为懈怠的现象,尤其地方官吏对于地主拖欠田赋、土地账册脱离实际状况姑息迁就。此外,在财政管理方面,张居正还遇到了各王朝几乎都有的情况,那就是需要把民众亲身服役改为征收货币税。在10年的首辅生涯中,张居正对以上几个方面都进行了改革。

在财政收入方面,张居正改革集中于清理田赋拖欠和组织清丈田亩。他先豁免了时间长的田赋积欠,然后强调今后的田赋数额必须缴足。凡是催征不力、征赋不足额的地方官员,不能升迁,甚至要受到惩罚。在全国范围内,他推动田亩清丈、查处漏田,实际清查出来的隐漏田地数量至少应在150万顷以上。因此张居正改革时期的正式财政收入,比改革前大大增加。

在支出方面,张居正要求各级政府严格奉行节俭,所有不紧急的支出全部从缓,各个部门的开支都要紧缩,所有账目均需严格核查,各地方政府都要强制性地实现结余。同时,他还精简机构、裁减冗员、节省宫廷工程开支,并通过与蒙古修好来削减军费开支。改革后财政的收入增加与支出减少,使明帝国在10年内国库存银达到了1250万两。当时的户部尚书说,从开国以来,财政库藏从

没有这么丰裕过:

> 自国初至今,未有积贮如是充裕者。

在管理方面,张居正从两方面入手进行改革。一方面,张居正推行"考成法"来纠正各级官吏的懈怠行为,他为各级官吏的应办之事设定完成期限,由本级部门、都察院、内阁进行检查与惩处,原来作为秘书机构存在的内阁因此获得了对官吏的管理权。另一方面,他设法把亲身服役改为征收货币税。他的做法是在清丈土地的基础上推行"一条鞭法",将地方官员已经不断推行的"役归于地"的做法予以正式化并推广到全国。就是说,把原来百姓负担的繁杂的役,比如解运物资、给衙门干杂活、充当治安民兵、维护驿站等,统统改为缴银代役、官府雇人服役,然后再将这样的银两负担摊入田亩中,田亩越多缴纳越多。于是,原来百姓的负担被合并为一条,并按土地的面积征收,这就叫作"一条鞭"。

张居正的不易

客观地说,张居正的改革,没有什么格外新奇的地方。虽然他解决了明朝中期财政的一些问题,但遵循的都是各个朝代中期改革的常规,没有别出心裁的地方。但是,如果把当时的历史情境考虑进去,就可以发现张居正改革中的三个不容易。

第一个不容易,张居正改革的法理地位和组织基础是不足的。唐代杨炎、宋代王安石作为君主支持下的宰相,他们推行改革时拥有必要的法理地位与组织制度的保障,他们主导的政事堂可以直接指挥六部官员。可明代在组织制度上,由于废除了宰相制,内阁行使的只是票拟权,即在大臣提交给皇帝的奏折上为皇帝草拟答复,再由皇帝或者司礼监描红确认,其实并没有真正的决策权,也不能直接指挥六部。作为内阁首辅，张居正并没有以往宰相在制度上拥有的最高行政权和监察权，这些权力在明代属于皇帝。以考成法为例，它对张居正的改革至关重要，是张居正要求各级官员服务于财政改革的重要工具。可是在明代制度中，由六部对自己的官吏、六科给事中对六部的官吏进行考成，法理上还能说得过去；但张居正主导的内阁，用考成法来控制六科给事中、指挥六部官员，惩罚未通过考核要求的官员，其实于法无据。

第二个不容易，张居正改革严重依赖地方实践的推动和下层的发动，而缺乏顶层的设计与主动推进的力量。王安石可以通过创设"三司条例司"这样的新机构来颁布新法令推动改革，但张居正并不掌握负责改革的专门机构，也缺乏主动立法的力量。比如"一条鞭法"所代表的赋役制度改革，实际上早在嘉靖年间就在地方层次不断地实践并呈扩大之势，然而在中央层面却多年争论、不置可否。张居正只好再找地方进一步实验，在取得明显成绩后，才顺势发布诏旨通行全国。

第三个不容易，张居正的所作所为，都是在既有的制度安排和利益格局内进行的存量调整而非增量改革，都是在操作层面而非制度层面的变化。他的改革从来没有打算改组政府或重新创制文官组织。改革期间，国家既有的制度结构没有大的变化，没有建立新机构或者增添新职能，一切基本沿袭旧制，只是在操作层面上做了调整。在财政方面，张居正没有推出真正的开源措施，没有对当时已经比较繁荣的商品经济实行有效征税，也没有对前面说过的日益严重的非正式财政体系采取有效对策。

张居正的个人动作

那么，在如此不容易的情况下，张居正到底是如何推动改革的呢？

在很多时候，他绕过法理与正式的组织，通过个人人事的运作来推进相关改革事项。比如说，他以升迁为诱饵来笼络官员服从他的指挥，发出大量的私人信笺与地方巡抚、总督或六部官员谈论国事，劝说他们上书提出某项政策建议，然后自己再以大学士的资格代皇帝批准，实现曲线救国。

之所以张居正能够通过代皇帝批准来推动改革，在相当程度上并非源于首辅的权力或内阁的组织，而是利用了皇太后的私人信任、首席宦官冯宝与他多年的交情及默契，以及自己作为年幼皇帝导师的便利，这样他就可以影响皇帝诏旨的发布，特别是掌握了较大的人事任免权。换言之，张居正只是权臣，他通过潜在的人事手段来推行改革，用篡取的权力来推动公务，用个人的努力来弥补制度的不足。

当然，说张居正通过人事的运作来推进相关改革事项，并不是说他手中没有权力，也不是说他完全不依靠官僚组织，而是说作为内阁首辅的权力和原来的官僚组织，只能用来处理常规事务，并不能用于非常规的财政改革。正因为采用了许多非正式的做法，张居正在朝堂上屡受弹劾，他的改革也没有延续性，以至于最终人亡政息。

张居正"一条鞭法"改革的核心，是在搞清每家每户土地数量的基础上，将国家的各种赋役合并摊入田亩中，计亩征银。这样的制度，执行者仍是大大小小的官吏。可在当时掌握土地的，大多就是这些官吏或者受他们庇护的人。这些人利用制度内或制度外的特权，逃避赋税，转嫁负担，想方设法破坏土地账册的真实性与完整性。因此，运行财政制度的大小官吏，也是逃避赋税的主要力量；或者不如干脆说，正式田赋不能应收尽收，正是因为他们的行为怠惰,不愿意及时更新信息。在短期内运用严刑峻法,牺牲他们的利益或者强制这些官吏行动起来,确实能够在一定程度上改善赋税状况,但这样的财政制度并不具备长期良性运转的条件。再加上前面说过的,在明代制度下,非正式财政体系已积重难返,国家以农业经济中的田赋为主体也使得正式收入数量始终有限,最终让财政问题得不到根本的解决。

因此,明朝的财政制度在那时事实上已经积累了太多的问题,靠张居正个人的动作,无法纠正制度的缺陷。就像黄仁宇先生说的:"当时的制度已至山穷水尽,上自天子,下至庶民,无不成为牺牲品而遭殃受祸。"

小结

万历年间张居正发动的改革,是帝国时代财政上的又一次自救行动。这场改革在收入、支出、管理方面都遵循了王朝中期财政改革的常规,但改革的过程却显得比较特别,因为它缺乏制度与组织的支持而纯靠张居正个人的人事操作。相对于以往朝代明君贤相式的财政改革,张居正的改革是相当不容易的。这样的改革虽然短期内改善了财政状况,但因无力纠正制度的缺陷,而使得帝国财政困境得不到根本的解决。

本章内容以下几点值得重视:

一、张居正改革最著名的措施是一条鞭法,把原来老百姓身上各式各样的服役合并摊入田亩中收税。这样的改革措施几乎每个王朝的中期都在做,即把亲身服役改为货币负担。

二、张居正改革虽然解决了明朝中期财政的一些问题,但遵循的都是各个朝代中期改革的常规,似乎没有什么特别突出的地方。但考虑明朝帝国制度的具体情境,那就可以发现张居正改革的三个不容易；缺少法理和组织基础；没法通过顶层的设计来获得推进的力量；只能在既有的制度安排和利益格局内进行存量的调整。

三、张居正为了改革采用了很多非正式的做法，绕过法理与正式的组织，通过潜在的人事手段来推行改革，用篡取的权力来推动公务，用个人的努力来弥补制度的不足。所有这些导致改革没有持续性，后来只能人亡政息。

太监收税：
正路不通，必走歪路？

在读明朝历史的时候，很多人都会有一个深刻的印象，那就是太监权力特别大。王振、刘瑾、魏忠贤等专权太监的名字，能列出一长串。明朝的太监专权，被清代统治者列为必须吸取的重要教训。在今天的苏州市，有一处历史古迹五人墓，埋葬的是明朝天启年间的五名义士。这五名义士因支持被捕的东林党人而惨遭太监势力的杀害。陪葬在五人墓旁的是葛成墓，墓主即是万历年间苏州工商业者集体抵制太监收税的代表人物。

在这一章我要专门说一说太监收税问题。从今天的财政眼光来看，我们不能简单地认为，收税的一方就必然不正义，而反对收税的一方就天然正义。事实上，至少从明代中期起，工商业经济就已经有了巨大的发展，可其中的经济剩余并未成为国家的可税资源。因此太监收税事件，恐怕错的不是收税，而是收税的方式；值得关注的也不是皇帝的昏庸与太监的跋扈，而是明代政治已无法从"正道"解决财政收入问题，于是必然走向了一条"歪路"。

太监收税也疯狂

到了明代中后期，工商业经济已相当发达。南方的丝绸、瓷器、棉布，北方的棉花、羊毛绒线，货通全国；借助与欧洲、日本的外贸，大量白银流入大明。在白银货币的帮助下，工商业城镇不断兴起，专业商人出现，民间尤其东部地区普遍富裕。

明代初期，政府在财政上一开始就将重心落在对土地征收田赋上，而对工商业实行轻税政策。朱元璋强调："理财之道，莫先于农。"因此将洪武十八年（1385）所收商税数字作为以后的定额，规定今后不得增加。他还怀疑那些号称善于征收商税的官员只是更善于剥削商民。于是，自明初开始，工商税几乎都是定额征收，难以增加。

到了那位著名的不批奏章、不上朝的万历皇帝后期，他遇到了突发的财用匮乏问题：一是接连发生战争，即有名的"万历三大征"，朝廷分别在宁夏、朝鲜、播州用兵；二是紫禁城中的宫殿接连受灾，需要营建。但皇帝要增税尤其是要增加工商税的想法，依然受到官僚们的坚决反对，反对的理由就是祖制不可改、税重民生苦。其实，明代中期工商业的发展，受益最大的群体就是官僚商人。他们窃取自己所主持的盐、茶、马国家专营贸易的利润，运用自己的权力经营商业或给商家提供庇护，从而分享商业利润和商业轻税的好处，甚至有人不惜勾结东南沿海走私集团及倭寇来获取海上贸易的利润。其实不少东林党人，就是这样的官僚商人。

在不可能通过正道对日益发展的工商业展开征税的情况下，万历皇帝只好派出自己的私臣，即太监，到各地去开矿、收工商税，或者监督地方官员收工商税。承担这些工作的太监，被称为矿监和税监。

对于工商税，帝国官僚们既不愿意收，也收不好。太监们虽然有意愿，但也不可能收得好。这些被派去收税的太监，大量使用地方上的恶棍，尽一切可能去敲诈勒索。他们常常"矿不必穴""税不必商"：开矿时并不针对矿穴而威胁要在人家的房屋或祖坟下采矿，以索要好处；收税时也不管有没有商业活动，到处设点，尽力搜刮。这些肆无忌惮的收税行为，在许多地方激起民变，本章开头说到的葛成就是其中的反抗代表。可是，用如此高的征税成本和极大的信誉损失所获得的收益，其中九成入了太监及其手下的私囊，入公库者不及一成。

皇室财政的功与过

那么太监收税在帝国政治中是否具有合法性呢？答案是，有合法性。在帝国财政的理念中，天子拥有一切财产，有权对任何财富征税；而皇室征收工商税，本是有传统的。这一传统来自春秋战国时期，君主对耕地实行"通公私"和"履亩而税"，而将山海池泽等非耕地划为"禁地"，不再让民众免费使用，若要使用就要缴税。对于从禁地获得的出产物或者加工物征税，最初可能有两个环节：一是在交通要地设关卡收取"过税"，二是在市场上收取"住税"，相当于今天的销售税或财产税。对于盐、酒、茶等特殊商品，像前面说过的，除了征税外，还可能采用官营或许可的方式来获得财政收入。

过税或住税等构成的工商税，在形式上与今天的商品税相似，但在性质上其实是不同的。现代商品税，实质上是利用公权力征收于私经济，具有公共性；过税或住税，则是对产权属于君主的商品进行财政征收，源于私权而非公权，其公共性甚至弱于同时期来自耕地的田赋。因此过税或住税在早期属于皇室财政，而不像田赋那样属于国家财政。

对国家财政与皇（王）室财政的区分，至少在战国时即已出现，在秦代制度上已经明确。汉代继承了这一做法，国家财政"赋于民"，收入主要为田赋与算赋，由大司农主管，"供军国之用"；皇室财政主要来自皇室土地收入以及各种工商税，由少府主管，作为"私奉养"的"天子之费"。

国家财政与皇室财政的分立，在帝国时代有积极的意义，它体现了中华帝国制度设计中的政治智慧。一方面，它约束君主不去侵蚀国家财政，其支出行为受到皇室财政收入的限制。另一方面，国家财政的运行比较正规，有较为严格的制度要求和会计核查，而皇室财政的运行比较灵活，可以利用向国库拨入内帑、恩赏有功之臣、赈济特定地区等形式，弥补国家财政制度因刚性而造成的不足。在实践中，虽然皇室财政与国家财政的区分有时被君主违反，但这一原则并没有被动摇。

在后来的发展中，原属于皇室财政的工商税，不少开始慢慢地归于国家财政。比如在明代，有三种属于过税性质的工商税归国家财政，即钞关税（由户部对大运河上经过关卡的船主征收）、商税（由各地方官员对经水陆运输的商品征税）、竹木抽分（由工部对造船原料征税）。但是，在北京对进城人员（主要是携带农产品入城的农民）征收的过税，则由太监征收，收入归皇室财政。

由于工商税传统上属于皇室财政，因此万历皇帝才可以派出太监去收税。可是，在帝国制度设计上，本来是用皇室财政的灵活性来弥补国家财政的刚性，但太监收税事件表明，皇室财政的灵活性同时也带来了专制性，会严重破坏民众财产与人身的安全。可见曾经有助于中华共同体生存与发展的皇室财政制度，正日益展现出它狰狞的一面。

因成熟而僵化的帝国财政制度

明代财政的根本问题,并不是太监收税,也不是当时的文人或后人批评的"税重民穷"。正如黄仁宇先生指出的,明代财政的平均税负只有10%左右,而同时期的日本,税负达到50%。从万历年间太监收税一事来看,明代财政的根本问题在于国家机构与正常财政不能对日益发展的工商业经济实现有效征税,不能充分动员起帝国时期的财政资源。在这样的条件下,一旦国家对税收有紧急需要,没有正路可走就只能走上歪路,而歪路则会让所有人都受到损伤。

明代之所以设计如此的工商税制,既有吸取宋元工商税收教训的原因,也跟自明代起帝国进入成熟期有关。因为成熟,国家职能转向内向,不以进取为能,不以扩张为目的,对支出的需要也就很少;因为成熟,国家试图消除一切不确定,而采用定额措施去管理财政活动。对属于自由流动资源的工商业经济,则采取轻视和不负责任的态度。没有必要的保护措施,没有正规的商事法律和周到的法律程序,大大小小的官吏在工商税的管理方面更是以马虎和腐败出名。

那么,为什么没有国家保护的工商业反而发展起来了呢?一方面,可能是因为国家管制罗网的疏松而使工商业在数量上有了积累,即司马迁曾经强调的"网疏而民富"。另一方面,由于官僚自己经营商业或由他们提供特权庇护而使工商业取得发展。由此产生的经济剩余,当然大多流入官僚手中,不能成为推动经济进一步成长的有效资本(官僚获得财富后往往去购买土地),也不能成为国家的可税资源。正如明代大臣丘橓对皇帝所说:

> 方今国与民俱贫，而官独富。

"国弊家丰"一章曾提及的美国经济史学家诺斯观察到，17世纪之后的英国，由于将财政收入建立在工商业经济基础上，国家可凭借工商税收来分享经济发展的成果，于是国家与民众之间就"同呼吸、共命运"。正因如此，当时的英国颁布了一系列针对商人的产权保护措施与法律体系。这些产权保护措施又进一步地推动了英国工商业的发展，增加了国家的税收，最终让英国走向现代国家。

小结

明代万历皇帝派太监去收税，在相当程度上是想分享已经发展起来的工商业经济剩余。由于明初财政设下的限制以及那些受益于工商业发展的官僚的抵制，万历皇帝不能通过国家正式制度征收更多的工商税，也没有机会形成国家财政与民间工商业共同发展的命运共同体。这是帝国财政正路不通走歪路带来的历史教训。

在这一章值得重视的内容至少有以下几点：

一、明朝中后期工商业发展产生的收益，都装进了官僚的腰包里，没法成为推动经济进一步成长的有效资本，更不可能成为国家的可税资源。

二、国家财政和皇室财政分离，可以约束君主不去侵蚀国家财政，君主的支出行为受到皇室财政收入的限制，皇室财政还可以通过比较灵活的形式，去弥补刚性国家财政制度的不足。

三、太监收税事件告诉我们，帝国的正式财政没有和工商业经济形成共同发展的命运共同体，也没法分享工商业发展产生的经济剩余，最终正路不通就走了歪路。

皇帝劝捐：
为什么君主遭到官僚集体背弃？

明末的那位苦命皇帝崇祯，在历史上赢得了许多人的同情。当北京城被李自成农民军攻破的前几天，崇祯皇帝曾经亲自出面请求文臣、勋戚、宦官捐献家资，给守卫首都的士兵发军饷。可是响应者寥寥，皇帝一共也就筹集了20多万两银子。这点钱不够发军饷，自然也挽救不了王朝的命运。

可在今天，对崇祯皇帝劝捐无效这件事，我们不能简单地解读为王朝末代官僚在道德上的无耻和贪婪，而要看到帝国财政制度中捐献制度自身的悖论。事实上，这一制度越到危难时刻越是无效。我们也不能简单地认为这些官僚不爱国，而要看到朱明王朝实际上已遭到官僚的集体背弃。从皇帝劝捐这件事情，我们甚至还可以看出帝国作为制度正在滑向没落的历史趋势。

帝国财政中的捐献制度

在帝国时期，捐献一般并不是真的无偿，它往往是君主在正常渠道之外，用特权与捐献者进行的交换。捐献作为制度，它出售荣誉、爵位甚至官职，以获取临时性的财政收入，用来满足军事、河工、赈灾等紧急需要。

捐献制度的起源很早，至少在秦统一天下之前，秦国就屡次鼓励百姓向官府捐献粮食，一般纳粟千石，就拜爵一级。汉代沿用了该制度，到汉武帝时期，因为军事行动与救灾需要，经常动员民众向朝廷捐钱捐粮，然后再由皇帝授予爵位或者给予免刑免役等特权，甚至在一定条件下还将捐献者任命为官吏。

这样的捐献制度，此后历代相沿。明代初期规定，民间子弟向国家捐献一定数量的粮食、马匹、金银等财物，就可以换取进国子监读书的资格。在当时，国子监是候补文官的培养基地，捐献进入国子监，意味着由此进入仕途。明代中后期，捐献者可以在荣誉职衔、入监读书之间选择，甚至可以直接做官。由捐献获得的财政资金，一开始主要是为边饷筹资，后来也为赈灾、修建大型工程服务。

到了清代，捐献制度发展得更为系统也更为频繁。这是因为清朝君主认为，如果走上仕途全凭科举考试，那做官的人就不会对君主"竭智尽心，以邀恩宠"。因此，他们有意识地通过捐献制度引进一批依附于君主的官员，以便制衡科举出身的官员。清代的捐献制度分为常开事例和暂开事例，前者具有经常性，以出售考试等级、荣誉职衔为主，后者为河工、军事等需要而特开，以出售官职为主。

捐献制度在增加临时性财政收入的同时，开辟了富人地位变动的一个渠道。经济精英由此被引入体制内，扩大了国家的社会基础，因此捐献制度在历史上有一定的积极意义。不过，这样的捐献制度也有严重的消极后果。一方面，它将国家公职和荣誉职衔当作商品买卖，败坏了制度的严肃性和社会的风气，混淆了公权和私权的界限；另一方面，捐献者没有荣誉感，只是将捐献当作投资行为，获得官职后也只会搜刮民众，不会对君主产生真正的感恩之心。

在崇祯皇帝劝捐事件中，那些官僚要么不再需要官爵与荣誉，要么觉得王朝大势已去，要了也没用，因此都不愿意捐献。由此可以看到帝国时期的"捐献悖论"：越是王朝稳固不需要捐献资金之时，官职与荣誉越值钱，捐献的积极性也就越高；越是江山易姓王朝急需资金之际，官职与荣誉就越不值钱，也就越无人愿意捐献。所以崇祯皇帝劝捐无效这件事情，并不能说明这个时候的官僚真的有道德问题，只能说明帝国财政中的捐献制度此时已失去了作用。

官僚背弃了朱明王朝

崇祯皇帝的劝捐活动，结果是令人寒心的。没捐钱或者只捐一点点的那些官僚，可不是没钱。在农民军的拷打之下，他们后来大多都吐出了几万两现银，甚至有人吐出几十万两。由此可知，诸多官僚事实上已背弃了朱明王朝。他们不觉得需要用个人的财富来拯救王朝的命运，在农民军入城后他们纷纷投靠了大顺政权，后来也大多投降了清王朝。

为什么诸多官僚背弃了朱明王朝？为什么这些人有意无意地认为，即将丢失的只是朱家的江山而与自己无关？

这与帝国制度理性化发展至明代的进程有关。

国家有效治理的关键，是围绕公共权力建立并完善政治制度，其中重要的一环是避免权力为各级官吏所私用。在帝国时期，将所有权与统治权合一的君权，代行的是共同体的公共权力，这样的制度可以依靠君主对自身地位的重视来实现公共权力的独立性与至上性，以君主对个人利益的追求来保障共同体整体利益的实现。因此在帝国时代，君主不断把官僚私用的权力集中到自己手中，看起来是君主通过集权实现专制，实际上代表的是权力不断理性化的过程。

举一个例子。在现代，公司与帝国最为相似，因为公司的大股东也是所有权与管理权合一的。当尚处在野蛮生长阶段时，公司有可能会把销售权、财务权分散给各分公司，以增强公司的活力；但分公司经理有可能会将这样的权力私用，做很多冒险的事情，因为这么做收益归自己，但风险却由公司全体承担。为此，总公司就会逐渐想办法把权力上收到最高决策层，由大股东自己来衡量决策的风险与收益，并决定向下授权的程度。这是公司内部权力理性化的过程，或者说公司经营正规化的必然发展趋势。

自战国发展至明代的帝国制度，遵循的就是这样一个权力理性化的过程。在帝国时期，由理性化带来的就是政治专制程度的不断加深。在明初，朱元璋废除了宰相制度，亲揽政务，六部直接向皇帝负责，这是君主集权也是权力理性化的反映。可是，当皇帝将几乎一切权力都集中在自己手上实行专制时，政权也就真正地成为皇帝一家一姓的私有物，各级官僚行使的全是源于君主的制度化授权。皇帝与官僚之间的君臣关系因理性化而客观化，因客观化而变得冷酷，二者在心理上也就越来越疏远。

在官僚的心目中，自己是因科举成功而从制度上获得了国家公职，凭借资历与功绩获得升迁，在微薄的官俸制度下凭本事捞取钱财，一切似乎都与皇帝无关。正因如此，当朱明王朝陷于危急时刻，便没有人愿意捐出私产来挽救与己无关的王朝。

帝国走向没落

崇祯皇帝劝捐无效，在相当程度上，可以反映由汉高祖在"白马之盟"中奠定的帝国君主官僚制的衰落，而其中最核心的则是君主制的没落，由此反映出的是帝国制度正整体性地走向终结。

在汉初高帝十二年（前195），刘邦杀了一匹白马，与诸大臣和将领盟誓曰：

> 非刘氏不得王，非有功不得侯，不如约，天下共击之。

按照李开元先生的说法，在君臣相对平等意义上形成的这一盟约，在中华帝国史上具有极重要的意义。一方面，它意味着君位建立在可撤销的契约基础上。君主有"德"才会有君位，并受群臣拥护，若没有"德"，王朝就该灭亡。另一方面，它意味着在帝国中权力分配采用血缘制和功绩制两套标准：最高统治权由皇族垄断，以封同姓王为形式，通过血缘关系来继承；一般统治权由官僚掌握，以封侯为形式，通过功绩原则来分配。血缘继承，可以确保君权能稳定地传承；功绩原则，在王朝初期主要是军功，在后来则主要为文治功劳，即指承担主要治理责任的官僚需要靠能力与业绩去获得和保有权力。

如此，围绕着皇位通过血缘继承和君权运用，构建起最高权力的转移与运行机制；围绕着官僚的凭能力录用与凭业绩升迁，建立起官僚治理权的授予与激励机制。这样的君主官僚制度，比起罗马帝国的制度要有效得多。罗马帝国没有固定的皇位继承制度，皇帝职位常常由军事首领掌握的武装力量决定，最多再经元老院选举来确认；而统治各地的总督也常为皇帝的私人代表。因此它的皇位传承没有稳定性，官僚治理能力也没有保证。

不过要说回来的是，在中华帝国的君主官僚制中，君主与臣僚不同的产生方式，也决定了二者既存在合作的需要，又存在背离的可能。就合作来说，官僚依靠君主获得权力、实现个人理想，而君主也需要官僚来实现国家治理并巩固自己一家一姓的君位。就背离而言，仅凭血缘原则继位的君主个人，不可能真正赢得依靠学识获取官位、凭借业绩决定升迁的官僚的忠心。

从劝捐事件可以看出，在君主可能失去江山时，具有自己独立地位与权力来源的官僚在背弃君主时是坚决无情的。哪怕是勋戚和宦官这些被君主有意识地扶植起来的人，也没有成为卫护一家一姓政权的力量。明末思想家黄宗羲的一句话，把这些官僚的心思更加清晰地表达出来，那就是"天下为主，君为客"：君主不是天下的主人而只是可以更换的客人，任何人的君位都是可被撤销的对象，官僚也可为不同的君主服务。

今天，我们在黄宗羲说法的基础上进一步追问："客从何来？"显然有两种可能的答案：一种是不经主人同意而来的恶客；另一种是经主人同意而来的善客。帝国君主显然是不经主人同意而来的恶客，是用武力抢来的地位，所谓"打江山者坐江山"。可如果是经民众同意而招来的善客，或者说经选举产生的最高统治者，那这个帝国实际上已经不再是帝国，而具备现代国家的特征了。

因此，黄宗羲等思想家的想法离现代国家的理念只差一步，君主制甚至帝国本身已经事实上在走向终结。不过，我们也要看到，从明末开始走向终结直到清末真正终结，帝国拖了非常长的尾巴。

小结

崇祯皇帝在国破之际向群臣劝捐失败，揭示出帝国财政制度中的捐献制度越是在君权危急之际越是失效。官僚不愿意捐献，与帝国权力理性化过程中君臣关系因客观化而变得冷酷有关。同时，群臣都不在乎易姓改号，说明君主制事实上已经开始没落，帝国正显示出逐步走向终结的趋势。

本章以下内容值得重视：

一、捐献作为帝国的一项财政制度，有一个悖论：越是王朝稳固不怎么需要捐献资金之时，官职与荣誉就越值钱，捐献的积极性就越高；越是江山易姓之际急需资金，官职与荣誉就越不值钱，也就越无人捐献。

二、捐献制度有积极的一面，能临时增加财政收入，还开辟了富人地位变动的渠道，扩大了国家的社会支持基础。

三、从白马之盟开始，中华帝国围绕着皇位通过血缘继承和君权运用，构建起最高权力的转移与运行机制；围绕着官僚的凭能力录用与凭业绩升迁，建立起官僚治理权的授予与激励机制。

四、从崇祯皇帝劝捐无效一事，我们已经可以看到帝国在走向没落。不过，从明末走向终结，直到清末真正终结，帝国拖了非常长的尾巴。

黄宗羲定律：
民众的税收负担到底从何而来？

　　无论是过去还是现在的学者，一说到古代税收，大都会替那个时候的老百姓叫苦，认为税收负担太重了。历史课本经常会用一个词——"苛捐杂税"，来说明老百姓的负担主要是正税之外滋生出来的各种名目的杂税。一般而言，当这种现象变得严重时，帝国就会发动并税改革，把杂税并入正税，靠提高正税来减轻老百姓的全部负担；但往往在并税改革之后，很快又出现新的杂税。这种雪球越滚越大的现象，被黄宗羲称为"积累莫返之害"。

　　黄宗羲是明末清初时期的大思想家。到了当代，历史学者秦晖先生把黄宗羲说的"积累莫返之害"，命名为"黄宗羲定律"。在今天看来，"黄宗羲定律"的确说出了帝国财政发展的一个特点，但若认为帝国时期民众负担只有单方向的加重，却也有些夸张。我们今天并不能把"积累莫返"单纯理解为统治阶级的残酷剥削，在一定程度上它其实是财政管理应对经济发展的一种变通措施。而且，税上加税的主要危害不在于税负加重，而在于负担不确定。要寻求税收负担的确定性，焦点不在于探求客观的定额，而在于征纳双方需要有某种协商机制，可这是帝国制度难以提供的。

黄宗羲定律中的"积累莫返之害"

在明末清初，有一批思想家对中华帝国及其财政制度进行了深入反思，黄宗羲就是其中的杰出代表。他强调，一定要认清并设法革除财政制度中的"积累莫返之害"，解决民众税收负担持续攀升的问题。

黄宗羲用古代财政史中的下述重大变化，来说明自己的观点。

他说，在夏、商、周三代之时，无论是叫"贡法""助法"，还是叫"彻法"，实际上都是田亩税。可到了魏晋时期，在田亩税之外增加了户调税的名目，有田的出田租，有户口的出布帛。唐朝初年订立了租、庸、调，有田地就缴稻谷作为田租，有户口就缴纺织品作为户调，有身丁就以绢作为庸税。这样，在田亩税之外，增加了户调税、丁口税。

到了唐德宗建中元年，宰相杨炎推行两税法改革。这一改革是以户税和地税代替租、庸、调，每年分夏、秋两次征税。民众只要有土地，就按土地面积缴田亩税。此时庸、调并入田亩税。这样，所有的新增杂税就都并入正税的田亩税之中。

两税法沿袭到宋朝，在田亩税之外又增收丁口、人身的钱米。到明代，两税法之外除了丁口税，还要征收力差、银差。于是从嘉靖末年到万历年间，"一条鞭法"试行，所有府州县的夏税、秋粮定额，以及均徭、里甲、土贡、加银等，合并折银征收，负担主要落在土地所有者身上。由此，田亩税又成为合并了其他杂税的正税。

但在"一条鞭法"之后，地方官府在田亩税之外又逼农民去服各种徭役。更严重的是，在"一条鞭法"基础上中央政府实行加征,万历晚期和崇祯年间都在加征新饷。后来,户部尚书倪元璐又将新饷并入正税。

黄宗羲的意思是,民众在夏商周三代时只缴田亩税,后来不断加征杂税,杂税又不断并入正税,之后又再产生杂税,这就造成税额的积累,以至于民不聊生。黄宗羲呼吁,要返回到三代只征田亩税的状况。前面已提到,秦晖先生把黄宗羲概括出来的上述现象,称之为"黄宗羲定律"。秦晖先生还解释说,历史上每一次财政改革都是在财政极端困难的情况下进行的,每一次改革都是在农民负担异常沉重、对苛捐杂税忍无可忍的时候进行的;每一次改革都是将杂税并入正税后一体征收的,并都承诺正税之外不再征收杂税;可每一次征税的官吏很快就忘了,或者是装作忘了,现在的正税里其实已经包含了以前的杂税,然后他们就又创立新的名目去征新的杂税。

积累莫返最大的害处

"黄宗羲定律"的提出,为我们解释了历史上财政变迁的特征,那就是不断地将杂税并入正税,又不断地在新的正税之外再派生新的杂税。事实上,在前面的章节中,我已经说到了很多"黄宗羲定律"中的内容。其实,黄宗羲把夏商周三代财政收入概括为田亩税并不准确。除此之外,有不少学者还提出,黄宗羲说农民负担在历史上单边地不断加重,这一点也不完全准确,因为以下几个因素他没有多加考虑。

第一,从财政支出方面看。黄宗羲没有提到,随着社会的发展和经济的进步,以及国家疆域的扩大和人口的增加,国家的职能在不断拓展,对财政支出的需求也必然随之扩大。因此,从绝对额来说,百姓负担的税收必然要增加,毕竟国家的规模与开支怎么也不可能保持在夏、商、周那个时期的低水平。

第二，从财政收入方面看。税收绝对额的上升，未必意味着民众负担一定增加。黄宗羲似乎没有考虑到生产力水平增长和百姓应税能力提高的问题。财政史学家马大英先生的研究表明，两汉期间按照折算后的亩数和容量单位计算，土地出产的总增长幅度在80%左右。宋代以后，许多地方农产品耕作从单作制变成双熟制，单位土地面积的产量也在不断提高，因此民众的应税能力事实上是在提高的。

第三，从财政管理方面看。黄宗羲没有提及，统治者在改革财政旧制度的时候，往往会剔除不少杂派苛敛，并不是简单地将正税与杂税合并。更重要的是，杂税的反复出现，可能是在经济增长形势下增加财政收入的一种方式，也就是说以不改变正式制度为前提，通过财政管理方式的变通来实现加征的目的。只要不超过一定的幅度，这种加征未必会增加很多民众负担。

尽管如此，"黄宗羲定律"仍有具备真理性的地方，那就是，它强调税负轻重不在于正税的名目和正税的多少，而在于杂税的税率、税源与征税方法。换言之，"明税"之外"暗税"的存在，才是决定民众负担的真正因素。而暗税的问题并非在于负担的轻重，而在于其不确定性——谁都不知道它的底在哪里，无法预知什么时候征收、对什么项目征收以及征收多少。

税负的确定性有待于国家制度的升级

在正税之外征收杂税，会让民众处于负担不确定的状态，这种不确定会破坏民众的预期，剥夺他们的经济剩余。那么，怎样才能增加民众税负的确定性呢？

在财政学中，有两种不同的思路来处理这样的问题。

一种思路被称为"配置范式",它认为国家治理的理想目标是客观可知的,财政要想办法配置资源以达到这样的目标,由此出发确定最佳税收负担的规模。事实上,朱元璋就持有这样的思路。在他看来,分散占有土地的自耕农亲自纳粮服役的国家是理想的国家,每年 2700 万石左右的粮食和洪武十八年(1385)的商税额就是最优的财政规模,后世子孙依此执行即可。在朱元璋心目中,这样做税负确定性强,民众负担轻。

另一种思路被称为"交易范式",它认为国家治理的理想目标不可知,税收负担的最佳规模也无法预知,因为税收带来的牺牲与支出带来的效用都是主观的,到底什么样的税收负担是合适的,只能由征税方与纳税人在平等基础上经谈判决定。在这一思路下,税收负担的确定性并不依靠事先的定额,而要靠双方的谈判,基于纳税人的同意去征税才是确定税收负担的可靠方式。比如在 19 世纪的浙江嵊县,曾有一个由知县和城乡士绅组成的专门委员会"粮席",每年分两次(二月初五和八月初五)开会商议,决定本县在田赋定额之外加征多少以及如何征收,以便既完成国家的正税任务,又满足本县公务需要,并补充官吏的薪酬。因为有这么一个机构的存在,当地纳税人在 100 多年时间里免受横征暴敛之苦。事实上,这种做法也不是嵊县的独创,在四川南川和其他一些地方,也能发现类似的谈判机制。

从长期看,税负的确定性肯定来自征纳双方的协商而不是某个容易过时的数字定额。要看到的是,由征纳双方协商形成的税负水平,未必是低水平。以 1789 年法国大革命前夕为例,当时拥有代议民主机构的英国比起专制政体下的法国,前者人均税负水平是后者的 3 倍。黑格尔在 19 世纪初出版的《法哲学原理》中也说过:"专制国家的人民只缴纳少数捐税,而在一个宪政国家,由于人民自己的意识,捐税反而增多了。"没有一个国家,其人民应缴纳的捐税有像英国那样多的。"因此,税负到底重不重,关键在于纳税人自己觉得付出的税收是否获得了相应的回报。说到底,税收总量到底应该是多少,或者说税收占国民收入的多大比例才算得上是税负重,并无可靠的科学评价机制来判定,必须交由民主程序来判断,由民众亲自或者派出代表运用投票程序来决定。

可是,在中华帝国时期,这样的谈判机构与协商机制并不存在于国家层面上,虽然很多地方政府都有类似嵊县的"粮席"制度,但它毕竟不是正式的制度,完全可能因地方长官的意志而存废。要解决税负的确定性问题,就要进一步地把地方层次上存在的谈判机制制度化,并提升、扩大到国家的层面。而这样做,显然意味着需要将帝国升级成现代国家。

小结

黄宗羲观察到,在帝国发动并税改革之后,杂税又会在正税之外再次产生。对于这一黄宗羲定律,我们今天不能把"积累莫返"现象完全理解为统治阶级的残酷剥削,因为它可能是财政应对经济发展的一种变通措施。但是,该定律正确地指出了杂税的不确定给民众带来不可承受的负担。要寻求税收负担的确定性,焦点不在于探求某种客观的定额,而在于征纳双方之间必须建立某种谈判机制。可在帝国制度下,理念上天子拥有所有的财富,现实中君主与民众之间实力相差悬殊,因此难以产生某种基于相对平等地位的谈判机制。

本章值得重视的内容至少有以下几点:

一、黄宗羲认为,历代以来国家总是正税之上加杂税,杂税并入正税后又再加杂税,老百姓的税收负担因此越来越重。对此,今天的学者认为并不完全正确。

二、黄宗羲定律的真正意义在于，它点明了老百姓税收负担重的决定性因素，是"明税"之外"暗税"的存在。帝国财政制度的真正问题在于，税收负担处于非常不确定的状态中。这种不确定破坏了老百姓对未来的预期，剥夺了他们创造经济剩余的能力。

三、让税收负担有确定性，存在两种思路，一种是配置范式，一种是交易范式。但交易范式所要求的谈判机构和协商机制，无法与帝国的制度逻辑兼容。

江南奏销案：
用政治罪能否纠偏财政管理的无能？

前已说过明初"洪武四大案"中的空印案，本章来说说清初"江南三大案"中的"奏销案"，这也是一个和财政有关的案子。

这个案子非常著名，因为它是一个打击面特别大的政治事件。经过这一类似政治罪案件的打击之后，江南士绅在政治上再也不像明代那样"家事国事天下事，事事关心"了，变得本分保守起来。不过，今天的我们应该看到，在江南奏销案中显示出来的，不仅有清初统治者的残暴，还有江南地区在帝国财政中作为异类存在的地位。江南奏销案表明，在清代，帝国在财政管理领域中的无能，已无法用财政管理手段解决，统治者不得不用政治罪的手段来纠偏。

江南奏销案

"奏销"是清代顺治年间在明朝财政账册管理基础上发展起来的一项制度。该制度要求，每年年底下级官员要向上级官员上交奏销册，汇报本地已征与未征赋税的情况。其中最重要的是各省督抚给户部上交的奏销册，它由省布政使亲自填写，通过督抚衙门上交给户部,汇报本年度地丁钱粮的征收、开支、欠征、结余等数目情况。户部收到奏销册后,再进行审查,准予销账或者要求修订、解释。

江南奏销案发生在顺治年间。江南地区自晚明以来,就一直存在严重地拖欠钱粮的问题。江宁巡抚朱国治为了能在奏销之前征足钱粮,就利用顺治十六年(1659)郑成功军队北伐进攻江南的机会,以拖欠钱粮贻误军需为政治罪名,掀起奏销大案。在案中,凡拖欠钱粮者,不问所欠多少,也不管是何种功名甚至是否在职任官,一概革去功名或者降职调用,有人甚至遭到逮捕并被判刑。有一位曾经在科举考试中高中探花(第三名)功名的人,因欠税粮一文钱而被除去功名,时人戏称为"探花不值一文钱"。这一江南奏销案,最后波及士绅超1.3万人。

除了奏销案,清初统治者在江南地区还发动了哭庙案、通海案等一系列政治罪案,后人称为清初"江南三大案"。在此之后,到了雍正时期,又在江南地区就钱粮亏空问题,实行了大规模的清查与惩治。这些大都以政治罪名义发动的案件,固然有维系统治的目的,即打击江南士绅对清朝统治的抵抗心理,但更重要的是借此弥补财政管理之不足,纠正晚明以来士绅拖欠钱粮的积弊。

江南重赋与钱粮拖欠

自唐代中期开始,江南地区由于水利工程整治有力,农业精耕细作,手工业和商业日益发展,于是慢慢地成为富庶之地以及最重要的赋税来源地。在明清两代,国家一半以上的赋税出自江南。江南是赋税重地,不仅体现在总量上,还体现在单位面积的田赋上。比如在洪武年间,全国普遍的田赋数额,官田每亩缴纳粮食5升多,民田每亩3升多;可在江南核心区域苏州、松江、嘉兴、湖州等四府，田赋每亩高达 75 升。后来，江南地区的重赋虽累经减免，但仍远高于其他地区。

与重赋相伴随的是，江南地区又是钱粮拖欠重地。之所以欠税，一方面也跟江南地区承受全国最高的赋税额有关，只要遇到天灾人祸，就无法缴纳田赋。另一方面跟江南地区文化发达、获得科举功名的人数众多有关。

在明代，政府对于获得科举功名者或者国子监的生员，在财政上给予一定的制度特权，比如可以少缴或欠缴田赋，可以免除徭役等。许多地主依托于这两项特权，又发展出许多制度外的特权，比如：通过诡寄、投献于贵族豪强等行为，设法扩大自己的赋役优免田的范围；勾结官府或通过种种手段，不纳应负担的税粮，转嫁给无特权户承担；接受民众向自己的投献，或强占白夺民户的土地和财产；利用自己的身份包揽别户的田赋，代其缴纳，从中牟利等。即使没有科举功名的地主，因托庇于贵族豪强等权势阶层，也能获得赋税优免。清代基本继承了明代对于科举成功者和官员在赋税方面的优待制度，也就同样承受由其制度带来的内外特权引发的弊害。

这些拥有制度内外特权的地主，在江南一带困扰着地方官员的财政管理行为。当地的知县或主动或被动地配合着有特权的地主，在征税时将民户分为两类：一类是享有特权的乡绅人家，知县不但承认他们的制度内特权，也往往默认他们的制度外特权，这样向他们征收的赋税就少于应有的数量；另一类是没有特权的普通人家，知县对他们的征收往往超出法定的标准，让他们承担乡绅人家不承担或少承担赋税形成的负担。这样做，往往会造成普通人家的破产，或者促使他们将土地投献于乡绅人家，以求得赋税的优免。长此以往，就会进一步壮大乡绅人家的实力，加剧土地账册的混乱，使大量田赋不能应收尽收。

由于乡绅人家少缴税、普通人家易破产，税粮不能应收尽收，于是明清两代江南地区在财政上就出现了大量的所谓"民欠"。以江苏为例，自康熙五十一年（1712）起至雍正四年（1726），民欠规模达到1100万两，而清政府一年财政收入不过3000多万两。在这一民欠数据中，至少有一半来自地方官吏与乡绅人家利用特权有意识地偷漏行为，另一半则属于真正的民欠，但后者又有相当一部分是由账册管理混乱造成的。

"异类江南" 凸显帝国财政管理的无能

在帝国财政管理过程中，统治者尤其是清代统治者，对于江南是又爱又恨：爱的是江南提供了大量的财富与粮食、精致的器物与艺术，恨的是江南商业文化腐败、地方士绅势力庞大、官吏上下勾结且消极怠政。除此之外，相对于闭塞、不发达、以自然经济为主的北方，富裕的江南始终是个"异类"。在一定程度上，北方可行的帝国财政理想，难行于江南。

作为"异类"，江南至少有三个方面的表现，凸显出了帝国财政管理的无能状况。

第一，帝国财政理想的土地产权基础是耕地相对均质、面积大体相等、由小自耕农分散耕种，可是在河网密布的江南，土地产权恰恰以租佃关系和雇佣关系为主。因商品经济发达而土地交易活跃，又因为科举成功者众多而使大批地主拥有特权，这一切使得江南的土地产权状况极其复杂。比如，田主对田底拥有的所有权与佃户对田面拥有的永久耕作权经常处于分离的状态，实际的田主又常将土地在名义上转让给拥有免税特权的人。由此造成江南地区特有的"一田三主"现象，即一块田地有三个主人，分别是业主（一般是外居地主,将土地以较低的价格在名义上卖给大租主,约定自己每年仍可获得一定额度的地租)、大租主(田地名义上的买主,是法律上承担田赋的主体,但因为拥有法内法外特权而不承担财政义务)、粪主(土地的实际耕种者,作为佃农而拥有永久耕种权,只向大租主交地租而不承担财政义务)。如此复杂的纳税人的身份结构,再也不像北方广泛存在的分散独立的小自耕农那么单纯。于是,按正式财政制度来征收管理江南地区的田赋,就显得困难重重,这也是奏销案发生的背景。

第二,帝国财政理想是在管理上依托政府行政组织体系进行,以政府任命的里长、甲长来统领分散的小自耕农,可江南的社会经济组织却大量地依托于宗族和由地方精英组建的"乡约"等社会组织。以宗族为例,它以宗祠、族谱、族田为支柱,在明清已不仅是一个祭祀组织,其实际功能已重点转向以经济利益和组织权威来控制族众,代表族众与政府打交道。因此在江南,宗族取代了行政组织的大部分功能,甚至在部分地区宗族接管了地方公共事务,拥有了对基层社会的控制权。宗族与乡约等组织在江南的出现,改变了帝国的社会结构基础,部分地使国家丧失了对民众的直接统治能力,这与北方又大为不同。

第三,在经济上,帝国财政的理想基础主要是粮食生产和自然经济,而不是手工业制造和商品交易,可江南地区恰恰在经济上表现为较为发达的商品生产与交易活动。在明代中后期及清中期,江南的工商业发展颇具规模。自明代中期起,就有人说江南的富商大贾不置土田,因为财政义务主要由田亩承担,而工商业的财政负担极轻。同时,无田产的农民,也会因工商业财政负担轻而进入工商经济活动中。可是,工商业经济的发展在江南虽然消解了传统的财政基础,但自身并未成为财政的新基础。这是由于明清两代对工商业实行轻税政策，使得大量财富脱离财政征收的范围，仅靠征收田赋无法触及这些财富。

上述江南地区表现出来的异类现象，在帝国财政制度中，是无法用正式手段来解决的，所以才会有类似"奏销案"这样的案件发生。用定罪相对灵活的政治案加上严刑峻法来纠正积弊，以掩饰财政管理的无能。

小结

可见，在江南奏销案中，清朝统治者残酷整治江南士绅，既有统治的目的，也有在江南地区纠正晚明以来因财政管理无能造成的钱粮拖欠弊病。钱粮拖欠，既有江南重赋的历史原因，也有士绅特权的问题。更为重要的是，江南地区在帝国财政中是一种异类的存在，因为帝国财政理想是由分散的小自耕农在国家行政机构组织下直接给国家纳粮服役，这样的财政理想在北方一定程度上可行，但在江南地区却无法在财政管理领域加以实现。于是，在明清时期尤其在清代，统治者一方面在财政上离不开江南，另一方面又不断地整肃江南，甚至不惜动用政治罪来纠正财政管理中的弊病。

不过，帝国财政中的异类却是走向现代国家的模范，从晚清开始向现代国家转型的进程中，江南地区成为先行者。

本章以下内容值得重点关注：

一、奏销案是一个暴露出帝国财政管理无能的重大案件，江南地区拖欠钱粮的问题是因为制度，却用政治罪的方式来解决。

二、江南地区的税赋重，不仅体现在总量上，还体现在单位负担上。

三、江南地区文化发达、获得科举功名的人数多，导致特权地主、乡绅人家实力庞大，这也是拖欠钱粮的原因之一。

四、江南地区在土地产权、经济形式、组织体系上，都与帝国财政理想相悖。但也因为具有现代色彩，江南成为向现代国家转型过程中的先行者。

雍正帝改革：
最具成功条件的财政改革为何失败？

有关雍正皇帝的民间故事非常多，尤其是他的继位方式和死亡原因，在后世催生了无数的小说和影视作品。在这一章我要说他，不是因为他的那些传奇故事，而是因为他发动的财政改革。

以往人们在总结历代财政改革失败教训时，已提出了不少原因解释。比如说张居正改革失败是因为缺乏真正的君权支持，王安石变法失败是因为君主个性比较软弱，还有一些财政改革的失败原因在于受到了特殊利益集团的制约等。但这些原因在雍正帝财政改革中几乎都不存在，可以说他的改革几乎具备了一切成功的条件。例如，改革由个性强硬的君主亲自发动，有能君能臣的相互配合。另外，类似于明末东林党这样的利益集团和朋党力量，在清初受到反复打击后，到雍正帝时也已没有多大的影响。但是很多人依然认为，雍正帝的财政改革最终是失败的。那原因到底在哪儿呢？

雍正帝财政改革中的传统内容

雍正皇帝在位期间发动的财政改革，既是王朝中期财政改革规律的重演，又有自己的新意。在雍正帝财政改革中有两项内容是相当传统的，也跟其他王朝中期财政改革一致：一是制度化地消灭力役，二是改善正式财政收入的管理。由于具备了诸多成功的条件，在这两个领域改革的效果比较显著。

所谓制度化消灭力役，是指雍正帝完成了"摊丁入亩"的改革。在前面的章节我反复说到，帝国财政原则上不应以"税人"为基础，但要求民众亲身服役在帝国时期却一再出现。因此王朝中期财政改革，一般都会把劳动者亲身服役改为征收货币税。在明代"一条鞭法"改革中，民众原来的差役负担已被折银摊入田亩中。可到清代初期，政府又宣布，16—60岁男丁要为国家服力役。清代的力役倒是一开始就可以折银征收，称为"丁银"。到康熙五十二年（1713），新增人丁不再承担丁役，于是丁银总额固定为每年335万两。在此基础上，一些地方官员在本地试点将丁银负担摊入田亩中。雍正皇帝即位后，不断地扩大这一"按亩均派"丁银负担的做法，并在雍正十三年（1735）大体完成。这一"摊丁入亩"改革，是帝国制度化消灭力役的最后努力。

所谓改善正式财政收入的管理，主要是清理民欠和追究亏空。在上一章我说过，由于制度内外特权的存在，乡绅人家缴纳的田赋往往少于其应缴数量，甚至根本不缴，这样就形成了大规模的"民欠"。于是雍正皇帝在制度上剥夺部分官宦地主的特权，并设法消除他们的法外特权。另外他还采取了一些具体措施来清理民欠，特别是在江南地区采用土地清丈的办法，查出隐匿的田亩。清理民欠还与追缴官员的亏空联系在一起，因为各级官吏经常将钱粮亏空归咎于"民欠"。雍正帝强调，亏空的责任在于官员和胥吏而不是百姓。他通过严查钱粮亏空来整顿吏治，强制让官员赔补财政亏空，甚至抄没贪赃官员的家产以追还赃银。这些努力，在相当程度上减少了应收未收的收入数量。

不过要看到,"摊丁入亩"改革在相当程度上只是延续了帝国制度化消灭力役的趋势,对这一成就评价过高似乎并不合适。在制度上,虽然雍正帝消灭了对民众的服役要求,但在现实中,地方政府的官吏向民众征求力役的做法并未消失,帝国也无力约束各级官吏强求力役的行为。

清理民欠、追究亏空的效果也只是一时的。以严刑峻法整顿吏治、减少特权,以实现正式财政收入的应收尽收,这种做法的效果虽炫目却难以持久。事实上,雍正帝改革后不久,民欠和亏空等问题又慢慢地严重起来。

雍正帝财政改革中的新意

除了上述两项具有传统性的改革外,"火耗归公"是雍正帝财政改革中最具理性化也最有新意的内容。在前面章节中我说过,非正式财政收入体系,满足了帝国合理的财政支出需要;不过陋规的存在,又确实败坏了政府官员的风气、加重了民众的负担。雍正帝发动改革,将部分非正式收入合法化,以此满足合理支出的需要,进而尝试消灭非正式收入体系。

雍正帝的做法是,将原来介于合法与非法之间的火耗合法化,做归公处理。在操作上,各地方官员(州县官)可以合法地对解送给中央政府的地丁钱粮,以"火耗"为名义加征一定比例的额外费用,具体比例由各省自定,但省内必须统一。由此获得的收入,统一集中于省级财政,由省政府根据一定的标准分配给下级政府,要求它们按以下原则使用:首先用于补足财政亏空,然后用于补充各级官员的收入(即"官俸制度"一章说到的"养廉银"),以及用于从事公务活动(即"公费银")。这样的做法,体现了"以公完公"

的原则，就是说通过公开、正式的手段取得收入，来履行符合公共目的和公务要求的职责。火耗的征收，仍然由州县官员进行，但因为该收入全部上缴给省级财政，在制度上杜绝了州县官员的截留与贪污的可能。以雍正时期的能臣田文镜任布政使的河南省为例，雍正二年（1724）按正项钱粮的10％提取的火耗银收入约为40万两，其中54％用于养廉银，46％用于公费银。

雍正皇帝的火耗归公改革是颇具理性特征的。他看到，地方财政问题的核心在于依靠非正式的途径来筹措经费，而不是因为人民无力或不情愿缴税；亏空和陋规的存在是制度问题，而不是官员道德问题，因此必须要用制度性的收入来弥补亏空、补充薪金。在改革中，雍正帝通过火耗归公创造出省级政府的正式财力，这一财力由省政府根据实际情况自主使用，它跟要向中央政府上缴的正项钱粮完全不同，也脱离了所有财富都必须由君主支配的传统理念。雍正皇帝肯定，在地方政府职能中，确实有公务需要，比如地方基础设施建设。他要求地方官员去了解这样的公务需要，然后向省级政府申请公费银来加以满足。养廉银的设置更说明，雍正帝想用正式制度来提供可能的条件，以使官员保持比较高的道德水平，而不是寄希望于空洞的说教。

帝国制度内财政管理难以理性化

雍正帝财政改革在一定程度上效果确实不错，国库连续多年出现了结余，这在帝国时期是很少见的，甚至可以说取得了帝国财政的最高成就。就此而言，似乎雍正帝改革算不上失败，反而应该称得上成功。不过，哥伦比亚大学的曾小萍教授在《州县官的银两》一书中，依然判定雍正帝改革为失败，原因在于它未能造就理性化的国家，更不能避免19世纪的中国成为"一个充斥腐败、被离心力量所破坏的国家"。比如,最具有新意的火耗归公改革,到乾隆年间就已失去了原意。原来留给各省支配的火耗收入,被户部设定了开支定额,与正项钱粮一样进行核销,还需要在省与省之间协拨,失去了原来作为省级政府自主收入的意义。

为什么火耗归公改革并不能真正实现财政制度的理性化?曾小萍教授认为,原因在于受限于"农业部门在中国经济中占优势地位"。这样的解释有一定道理,农业部门经济剩余少,清政府又像明代那样未能有效地向工商业经济征税,由此获得的财政收入确实难以供给国家履行理性化的职能。除此之外,我认为至少还有以下三个方面的原因。

第一,前提条件不具备。火耗归公要能成功,前提是各省的正项钱粮数额要足够大,且能应收尽收,如此产生的火耗收入才能满足公务所需。还有,火耗的比率与形式还必须整齐划一,如此才能既公平又不给地方官员腐败留下空间。但事实上在帝国广阔复杂的地理空间内,根本做不到这样的统一性和规范性;许多省份的正项钱粮数量极低,火耗收入不足以达到"以公完公"的目的。各省在实施火耗归公时不得不规定不同的田赋附加比率甚至不同的附加类型,无法做到统一、公平、规范,理性化也因此不具备前提条件。

第二,超出了帝国的制度能力。改革要能成功,就必须能够确定合适的养廉银数目与合理公务活动所需要的经费数额。可在帝国条件下没有能力解决这些问题,因为地方官员及衙门职员总是会用各种手段,发出增加火耗以满足薪金和公务需求的呼声,而中央政府无从辨别真假。只有建立基于民意的财政制度以及由市场决定工资水平,国家才能对民众的公共服务需求和官吏的薪金水平有真正的了解,并以此确定定额。

第三,长期维系的动力也不具备。这场改革的动力来自君主的推动，可君权自身是特权而非纯粹的公共权力，君主自己或家族就有私人利益需要维护，很难长期有效地约束各级官吏的权力私有化问题，否则一家一姓的统治就将无法持续。就管理而言，君主不可能长期对官吏阶层保持高压状态，运动式的严刑峻法也只能奏效于一时。

小结

在历代财政改革中，雍正帝发动的财政改革几乎具备了一切成功的条件。他的财政改革成果确实也炫目一时，达到了帝国时代的最高成就。但是雍正帝财政改革最终依然被判为失败，因为它未能将财政管理制度真正地理性化，也因此不能避免国家在19世纪遭遇治理失败。

本章内容至少以下几点值得重视：

一、雍正帝改革中有两项传统的内容：在制度上消灭力役，完成"摊丁入亩"的改革；改善正式财政收入的管理。大体上，这两项内容效果还不错，但并不具有长期性。

二、"火耗归公"是雍正帝改革中创新的内容，体现了"以公完公"的原则，颇具理性特征。特别是其中的养廉银设置，说明雍正帝想用正式制度来提供可能的条件，让官员保持比较高的道德水平，而不是寄希望于空洞的说教。

三、雍正帝改革不成功的原因是，在帝国制度框架里，财政管理不具备真正理性化的前提条件、制度能力、长期动力。

第**伍**部分

向现代税商转型，
再造少年中国。

走出帝国

海关税：
为何是帝国财政向现代转型的标志？

从这一章开始，为你说一说帝国财政是怎么向现代转型的，其转型的标志在我看来就是海关税。海关税的兴起，过去有人把它理解为西方列强入侵和中国半殖民地化程度加深的标志，但在今天看来，它更多地代表着中国财政因应外来冲击而在内部发生的革命性变化。特别是在以海关税为代表的现代税商形式成长起来以后，工商税收已不能仅从财政收入方面来考察其意义，而更应看到，它是塑造国家形态、进而推动国家转型的力量。

赫德的海关

我们先来认识一个英国人，他的名字叫罗伯特·赫德。为什么要说他呢？因为他在晚清时期任职总税务司，主管中国的海关长达49年（1861—1910），去世后还被追封为"太子太保"。在他任内，每年海关税收入从白银400多万两增长到4000多万两，从占财政收入不足10％增长到超过30％。赫德主管下的海关，不但为晚清国家运行和洋务运动提供了资金支持，更重要的是，它为当时的中国人树立了现代财政管理的标杆。

在雍正帝改革那一章我说过，雍正帝没有办法真正解决非正式收入体系中存在的问题，陋规与贪污是帝国财政管理难以解决的痼疾。但赫德管理的清代海关，却成为最有效率、最少贪污的官僚机构，在当时被许多人认为是一个奇迹。

赫德为什么能做到雍正皇帝也做不到的事情？除了赫德个人的能力与品行外，后人还关注到他在海关内部监控方面的有效举措。他引进了连英国也才实行 10 年的现代会计账册与审计制度，还为海关职员提供了高额的薪水与丰厚的养老金。更为重要的是，赫德自觉地从代表现代文明的英国那里吸取制度经验，其中特别重要的一点是将政治与行政分离，或者说将负政治责任的政务官与负管理责任的事务官分离。在赫德管理下的中国海关是专业行政机构，所有的职员都是事务官，凭借业绩与能力对赫德负责，也由赫德决定升迁与降职，不受他人干预；而赫德个人，则对任命自己的清政府总理衙门实行政治负责，可以去职，但在职期间不受他人影响。

这样，赫德主管的海关机构拥有自己独立的地位与权力，不像帝国其他官僚部门那样"上下相维，大小相制"，似乎谁都能向机构内插一杠子，谁都能想办法"敲竹杠"。此外，赫德的海关还受到比较严格的外部监督，新闻媒体盯着它，依靠海关税还债的债务人清政府、债权人代表西方列强领事馆，也都在盯着它。

海关税在中国的兴起

赫德主管下的海关所收海关税，是晚清财政转型的标志。为什么说海关税有这么重要的意义呢？想搞清楚这个问题，要先了解海关税的兴起。

海关税不是突然出现的，在帝国时期实际上有很深的历史渊海关税：为何是帝国财政向现代转型的标志？

源。至少从战国时期开始，帝国就对国内流通的货物征收内陆关税，在唐宋之前就已出现专门的机构市舶司，在港口对进出口货物征收海贸关税。到清代乾隆年间以后，由户部和内务府分别代表国家财政与皇家财政，借助于有垄断特权的广州十三行，从海外贸易获取财政收入。在晚清，海关税之所以兴起，外因是国家被迫开放通商口岸而致关税收入自然增加，内因则是国家在生存危机状态下不断向工商业寻求财政收入的增加。

清道光二十二年（1842）《南京条约》签订后，中国开放了五个通商口岸。在通商口岸，清政府设置管理进出口贸易的税务司署，它被称为"新关"或"洋关"。与此相对，仍在国内课征内陆关税和船税的关卡，被称为"旧关"或"常关"。按照道光二十三年海关税则，对于从通商口岸进出口的货物按列举法从量征税，未被列举的货物则从价逢百抽五。可由于绝大部分进口货物都未被列举，因此海关税总体来说是从价计税，进口税率大致是5％，出口税率大致在10％。

由此可见，晚清海关税的兴起一开始是被迫开放通商口岸的结果。到后来，被迫开放的通商口岸不断增加，货物进出口范围与数量也大大提升。为了获得更多的收入，清政府后来还主动开放了一些口岸。于是，海关税的地位越来越重要。在咸丰十一年（1861），海关税只有约490万两白银，光绪十三年（1887）为2500万两，到光绪二十九年则为3200万两。就这样，海关税逐渐成为第一大税种，到民国时期依然如此。光绪二十九年，海关税收入占财政收入比重达30％；民国17年（1928）该比例为41％。

海关税虽然在帝国财政史上有税商渊源，但在晚清仍有很大的新意，代表着现代工商税收在中国的兴起。海关税的新意至少表现在两个方面。

第一，它建立在西方工业革命后的商品经济基础上，不像帝国时代税商那样针对的是自然经济与手工业经济，商品的数量与等级不可同日而语。比如说，像囤积居奇这样常见的帝国时代的商业手段，在现代就几乎没法用了，因为工业产品可以及时大量地生产出来。

第二，海关税的征税对象大多为从事巨额贸易的西方商人或者中国商人，相对于征税者来说，具有很高的谈判能力。因此，纳税人对税收负担有比较可靠的预期，再加上赫德对海关实行的是现代管理，所以海关税就不太会像帝国时代税商那样，成为政府盘剥民众的工具。

当然，这一时期的海关税也有严重的缺陷。比如，它对进出口货物都征关税，有悖于现代国家鼓励出口、限制进口的关税政策；海关税纳税人之所以谈判能力强，是因为背后有西方列强的武力支持，而且海关税的税则由外国人决定、海关管理由外国人进行，这些都代表了国家主权的丧失。

海关税标志着现代工商税收的诞生和财政的转型

海关税（关税）的增长，实际上代表的是现代工商税收在中国的兴起。为什么在以税地为核心的成熟帝国，到了晚清会有税商的重新兴起并采用了现代的形式？与历代王朝改革都发生于山穷水尽之时一样，晚清以关税为标志的工商税收兴起，首先也是由外来入侵带来的巨大财政危机引发的，帝国财政无法提供充足的财政收入帮助国家度过生存危机。

在道光初期，以税地为主要收入来源的帝国财政制度仍是成功的，表现为除了个别年份外财政基本上都是有结余的。可在1840—1842年的鸦片战争中，清政府战败，军费开支与战争赔款使得主要依靠田赋的财政状况急转直下,几乎年年亏空,直至1850年前后才有好转。这是晚清财政遇到的第一次重大危机,而财政的危机往往就意味着国家的危机。这是因为在帝国时期,由于缺乏现代财政的融资手段,比如公债,国家也并非建立在自下而上的民众同意基础上,若没有财政资源自上而下地推动,整个国家就难以有效地运转。

第一次鸦片战争带来的巨额军费与赔款支出尚属一次性的,可接下来晚清政府面临的财政危机一个接着一个。多次对外战争的失败,带来了巨额的军费与赔款支出,太平天国运动的爆发在增加军费的同时毁灭了传统的赋税重地江南,由此种种原因产生的巨大亏空让清政府的财政出现了大危机。

为了克服这样的财政大危机,朝野上下一开始还想通过传统的减薪减支等"节流"措施来应对,或者用传统的开源手段来解决问题,如大搞捐献、铸发大钱、向地方摊派等。可是财政危机依然持续不断且日益升级,这说明此时的财政危机是根本性的,并不能在帝国制度框架内解决。

要解决这样的财政危机,只能依赖于开源,而开源显然不可能依赖税地,只能设法扩大税商。晚清时期的税商,与宋代税商尤其是王安石变法相比,相似的是,两者都是在国家生存危机时向工商业寻求财政收入的增加;不同的是,宋代税商没有工业革命提供的商品经济基础,而晚清的税商则有西方传来的工业革命基础和西方商业富国的经验。因此,晚清开始的这种税商具有强烈的现代性,标志着中国财政的转型。

除了关税增长外,主要基于内贸而对过关卡的货物征收1%货值形成的厘金收入,也在不断增长中。这样的厘金虽然渊源于传统的过税,可由于在财政收入比重上越来越大,且完全由各省政府征收成为省财政收入,渐渐地具有了新意。在20世纪初,厘金的规模估计占全国财政收入的13%以上。除此之外,还有盐税。在"盐利"一章我曾说到,晚清直至北洋政府时期,盐业体制从许可制改为征税制。因征收管理比较规范,盐税收入迅速成长为仅次于关税的第二大财政收入形式,在总收入中一般占15%以上。除了海关税、厘金和盐税外,为了增加财政收入,从晚清到民国,政府还从西方陆续引进了其他工商税种,如烟酒税、印花税、营业税、所得税、遗产税等。

以关税为代表的现代工商税收在中国的兴起,深刻地改变了财政收入的结构。在乾隆三十一年(1766)的财政收入中,田赋占72%,盐税、关税、厘金的收入共计只占20%;可是在光绪二十九年(1903)的财政收入中,田赋比重下降为34%,关税、盐税、厘金上升为主体收入,共占62%。主体收入形式的变化以及晚清工商业经济的发展,带来的是财政收入的巨大增长。第一次鸦片战争前后,清王朝中央政府掌握的财政收入每年仅为白银4000万两左右,甲午战争之际增至8000余万两,到1910年已高达3亿余两。传统的轻徭薄赋与量入为出的帝国财政理想,从此一去不复返。

财政转型推动国家转型

工商税收代替田赋成为主体财政收入形式,在中国具有非常强烈的财政转型意义。这样的转型,动力来自何方?它又有什么样的历史意义呢?

英国历史学家汤因比先生曾经揭示,来自外部挑战产生的压力,可能会刺激一个国家的发展,但这种外来压力不能太大,又不能太小,"足以发挥最大刺激能力的挑战是在中间的一个点上"。与宋代特别是南宋面临的外来压力过大相比,晚清面临的外来压力是相对适度的，所以才能起到应有的刺激作用，能够让中国为应对外来挑战而不断地自我进化。

在晚清时期，要使中华共同体避免亡国灭种，就必须增加财政收入；而要增加财政收入，就不能再依靠田赋，必须转换主要收入形式，从工商业寻求收入的增加；要增加来源于工商业的财政收入，就必须突破重农抑商的帝国传统，以国家的力量来帮助实现经济的工业化和社会的现代化。但要实现经济和社会现代化，就必须运用国家机器来大力地改造传统的经济和社会，而在改造之前又要先实现国家机器的现代化。因此，从晚清开始，外来压力导致的财政危机以及对危机的应对，最终促进了中国向现代国家的转型，其中凸显出来的是财政转型对国家转型的推动。

小结

在外部列强入侵的威胁下，晚清时期帝国制度的固有缺陷暴露无遗，集中表现为财政无法提供充足且有弹性的收入去支持国家克服生存危机。晚清时期，由赫德主管的海关所征收的海关税的兴起，是中国财政因应外来冲击而致内部发生变革的标志性事件。海关税的成长，不是财政收入方式的一种简单变化，而是标志着国家财政从帝国财政向现代财政的重大转型。为了获取更多的工商税收以克服生存危机，国家必须出面推动工商业经济的发展，这一要求使得财政转型推动了国家由帝国向现代的转型。

在这一章值得重视的有以下几点：

一、英国人赫德征收的海关税，不光是给晚清国家提供了资金支持，还标志着晚清财政向现代的转型。

二、海关税是一种现代税商收入，不会像帝国时期的税商那样成为盘剥的工具。海关税以及盐税、厘金等工商税收的征收，深刻地改变了中国财政收入的结构。

三、晚清面临的外来压力相对适度，起到了刺激国家发展的作用。在其中，财政转型推动了国家转型的发展。

张謇办厂：
现代重商主义是怎样兴起的？

前面，我已经讲解了不少历史人物和他们的财政故事，桑弘羊、杨炎、王安石、张居正等。在这一章，我要在这个名单里加一个看起来和财政没有太大关系的名字：张謇。

张謇这个人学问好，是清光绪二十年（1894）科举的状元，能力强，参赞过军务，办过教育，协助过治河救灾，是个非常优秀的儒家知识分子。不过，在中了状元之后，张謇没有走传统入阁拜相、治国平天下的道路。从光绪二十一年底开始，他在南通办起了棉纱厂，后来赚了大钱。以此为基础，他不断地兴建与民生相关的面粉厂、肥皂厂、发电厂，还建造码头、公路，甚至主持设计要把南通建成现代城市。最后，他凭借创办实业取得的地位，还参与了清末立宪运动和民国的建立。

状元办厂兴实业这个故事，虽然不是改革变法，也没有制度设计，但值得在财政上仔细挖掘其中的意义。之所以这里把他算作财政史人物，是因为在他身上能看到中国向现代重商主义的转型，而现代重商主义又是现代财政的基础。

上一章提到，自道光二十年（1840）之后，中国财政已明显出现向现代转型的态势，以海关税为代表的工商税收逐渐成为主要的财政收入形式，而工商税收地位的提高又以工商业经济发展为基础。在财政上重视工商业的发展，可以叫它"重商主义"。在古代中国，以桑弘羊、王安石为代表的思想家，以宋、元为代表的国家财政政策，都有一定的重商主义倾向。不过，从晚清开始兴起的是一种现代重商主义。不同于古代的重商主义，它表现为重视工业超过商业，重视私营企业甚于官营企业，并且大大抬高了工商业从业者的地位。

接下来，我会从财政视野来分析张謇办厂这件事中所包含的现代重商主义兴起的内容，它包括利益原则在中国的合法化、洋务运动的过渡意义以及工商业从业者地位的上升等三个方面。

现代重商主义兴起的前提：利益原则在中国的合法化

张謇作为科举状元却去办工厂体现出来的第一方面意义，是标志着利益原则在中国逐渐合法化，这是现代重商主义兴起的前提条件或者说社会心理基础。

在西汉始元六年（前81）那场盐铁会议上，文学贤良的重农抑商主张之所以胜过了桑弘羊的重商主义，除了因为当时的生产结构以农业经济为主外，在相当程度上还因为文学贤良认为工商业的发展会破坏社会的道德基础。所以，他们认为基于道德考虑，国家必须坚持重农抑商，要把利益原则放在次要的地位，甚至认为追求利益是不道德的。在张謇办厂初期，也有许多知识分子骂他是读书人的败类，丢掉了礼义廉耻。几年后，张謇还向两江总督刘坤一回忆自己忍辱负重创办工厂的经历。

张謇是那个时代儒家知识分子的一个典型，他为什么宁可忍辱负重也要兴办工厂呢？这是因为在甲午战争战败之后，以他为代表的知识分子认识到，中国若想富强，就必须兴办实业谋求利益。张謇认为，自己办工厂、求利益，不是为了私利，而是"为国求财"。要知道，张謇的这个想法也是符合传统儒家要求的。

在古代中国，虽然总体上重义轻利，但仍然肯定像国家富强或者人民富裕这样的目标具有重要的意义，认为国富这样的"公利"目标要高于儒家君子的个人利益或者君主的私利。就像黄宗羲说过的："不以一己之利为利，而使天下受其利。"到了晚清时期，在国家遭遇生存危机的时候，像张謇这样的知识分子发现，如果国家没有财力，就不能抵抗外敌入侵，也就无法存续下去。于是，他们接过传统对"公利"的肯定，认为只要是为国家富强去求利，就不算重利轻义。可以说，张謇等人运用国家富强这样的公利目标作为过渡，引领着中国人在心理上接受了利益原则。

张謇办厂求利是中国人思想向现代转型的一个象征。在现代国家，追求利益是个人行动的动力，努力实现经济增长是政府政策的目标，国家因此被界定为促进经济增长的工具，政治法律制度如果不能有利于国家富强就要重建。所以，一个国家要走向现代，就必须让利益原则合法化。但是，想要扭转这一局面谈何容易！要知道，在19世纪，被中国知识分子认为重利轻义的西方人，也才刚接受利益原则没多久。

在中世纪的西方，追求利益或者说金钱也曾在很长时间内遭到道德谴责。直到16—18世纪，许多思想家才相信，追求利益本身虽然不一定好，但它能够带来良好的后果。比如，像英国思想家休谟就宣扬，为了提高人的道德水平，可以用一种罪恶压制另一种罪恶，比如说鼓励人们用爱财的罪恶来抑制贪图享乐或者其他的罪恶。休谟的好朋友亚当·斯密提出的"看不见的手"更为人熟悉，这个比喻告诉人们，如果让每一个人都追求自身利益，那就可以带来社会普遍利益的实现。在这些思想家的宣扬下，西方人慢慢相信，如果允许追求利益的话，那反而可以造就有道德的个人和优良的社会。于是，利益原则在西方才逐渐实现合法化，并引导西方人进入现代社会。

现代重商主义兴起的过程：洋务运动的过渡意义

张謇办厂的第二方面意义，是表明在现代重商主义的兴起过程中，洋务运动具有重要的过渡作用，即奠定了在中国重视工业超过商业、重视私人企业超过官办企业的基础。

张謇到南通去办棉纱工厂，是受洋务派大臣张之洞的直接委派，棉纱工业也是洋务派重点扶持的产业。虽然张之洞很快就被调走，但他对张謇的第一推动作用不可忽视。张謇办厂的物质基础与对外的合法身份，也来自接收了张之洞原先用官款购买的纺织机器。这批机器本身可用，又被张謇折为官方股份，占总股本的50%，他的企业就变成了公私合营企业。这对张謇在工厂启动阶段取得合法身份和对外招募股份很有帮助。由此可见，洋务运动在张謇办厂过程中发挥了积极作用。

那么洋务运动又是怎么兴起的呢？在晚清，当中国遇到国家生存危机之时，清政府延续了帝国时代举办官营工商业的传统，先是在19世纪六七十年代，以"自强"为口号兴办官营军事企业，然后又在70年代到90年代中期，以"求富"为口号办起了官营民用企业。这两个前后相继的运动，把工商业的重要性提升到了一个前所未有的高度。经过洋务运动，清政府才把重商主义上升为国策。比如说，在各省设立商务局，在中央设立商部，用来沟通官商关系、保护工商业者的利益。政府还出台《商人通例》《公司律》等法律，来维护市场规则、加强产权保障。此外，政府还制定许多行业政策来推动工商业发展，比如主动开放通商口岸，用爵位来奖赏工商业者，甚至为民营企业提供贷款等。可见在这个时候，国家已经把促进工商业发展作为自己的重要职能了。

虽然有上述洋务运动和重商主义政策作为基础，但这不代表张謇办厂就容易了。虽然有公私合营的名头，但张謇在招募商股的时候仍困难重重。还好张謇最后成功了，工厂越建越多，企业越办越大，而且摆脱了公私合营的身份。从洋务运动到张謇办厂，以下两个方面标志着现代重商主义在中国取得的发展。

第一，洋务运动引进了西方先进的工业技术和组织，把工业的重要性提升到了一个前所未有的高度，中国的经济基础开始从传统农业向现代工业转型。从西方传来的现代重商主义，建立在工业革命的基础上，以大机器生产为前提。这一点康有为有深刻的认识，他呼吁将中国"定为工国"，认为国家的发展阶段依次是以农立国、以商立国、以工立国，中国只有建成工业国，才能生存于世界。康有为的认识在思想上，而张謇的认识体现在实践中，他宣称："富民强国之本，实在于工。"因此，与传说中离开政坛、退隐江湖的越国谋臣范蠡不同，同样离开政坛的张謇，创办的是真正的工业企业，而范蠡这位传说中的陶朱公，从事的是纯粹的商业活动。

第二，洋务运动为转向以私人企业为经济活动主体奠定了基础。帝国时期虽然重农抑商，但其实官方从来没有放弃工商业中的官营制，我将它称为税商的措施之一。洋务运动通过"官督商办"或者官商合营后发现，私营工商业的效率远远高于官营工商业。所以，后来官方在政策上转向大力扶持民间工商业，张謇的一系列私营企业也正是在此背景下获得成功的。他自己任民国农商总长后，也一再指出，官营企业没有引导民众兴办实业的心思，既浪费资金又无实效，今后官营企业要停办，"悉听民办"。

现代重商主义的后果： 工商业从业者地位的上升

张謇办厂的第三方面意义，在于现代重商主义的发展产生了一定的后果，那就是开启了中国的社会结构转型，工商业从业者地位上升。

张謇办厂初期屡遭歧视，不过在办厂成功之后，却受到广泛的尊重。他成为地方自治的首倡者，预备立宪运动的领袖，南北议和的幕后推手，民国工商实业建设的规划者。张謇取得如此高的社会地位，甚至获任部长级高官（民国政府农商总长），可不是因为他的科举功名，而是来自对他办厂成功的肯定。

张謇的遭遇说明，传统士农工商四民社会的结构已出现变化，工商业者的社会地位已经大大提高。要知道，在帝国时期，商业和商人地位不高，即使是富比王侯的广东十三行领袖，也随时可能被地方官员套上枷锁问话。这一现象，曾让19世纪初来华贸易的西方商人大惑不解。张謇是一个象征，说明"士商平等"的观念正在整个社会慢慢确立，事实上"绅商共治"在许多场合已代替了原来的士绅政治。

意大利学者莫斯卡在他那本名著《政治科学要义》中说，国家领导集团的产生与权力的承担者，总是在以下三种精英中转移：武力精英、财富精英、知识精英。1640年英国革命和1789年法国大革命，标志着在西方国家权力已从武力精英（军事贵族）手中转向财富精英（资产阶级）。张謇社会地位的提高，标志着在中国权力正从知识精英（士人）向财富精英（工商业从业者）转移。因此，张謇从科举状元到因办厂而崛起，标志着士人在中国正丧失治理国家的功能和渠道，作为掌握权力的精英阶层正在消失。张謇的言行，也象征着财富精英已具有自觉的阶级意识，前面说到他宣布工商企业"悉听民办"而不再由官营，不仅说明他对官营与民办效率差异有着深刻认识，也说明他在尝试阻止国家在经济领域内与私人资本竞争。

小结

晚清开始的中国财政转型，表现为工商税收在财政收入中地位的上升，其基础是晚清工商经济的发展。张謇办厂的行为，极具财政史的意义。它标志着现代重商主义在中国的兴起。

本章以下内容值得重点关注：

一、张謇办厂对中国财政史来说，第一个意义就是标志着利益原则的合法化，或者说以张謇为代表的中国知识分子与社会公众慢慢克服了鄙视利益的传统观念。利益原则合法化，为现代重商主义的兴起奠定了社会心理基础。

二、张謇办厂的第二个意义是，它表明洋务运动在现代重商主义兴起过程中具有过渡意义，奠定了重视工业超过商业、重视私营企业超过官办企业的基础。

三、从张謇办厂能看到的第三个意义是，工商业从业者地位的提升，中国社会结构已开始转型。张謇作为成功的工商业者最终成为政府部长，说明财富精英正代替传统的知识精英掌握国家权力。

度支部：
帝国财政机构如何向现代转型？

在前言中说过，国家征什么税、怎么征税，会反过来塑造国家本身。前面两章说到，为了避免亡国灭种的命运，晚清在财政上开始努力增加收入，不再以田赋为主体收入，转而寻求增加工商税收。可要以工商税为主要财政收入，国家就必须出面推动工商业经济的发展；要发展工商业经济，就必须运用国家的力量来改造传统的经济和社会。那么难题来了，在能够承担改造任务之前，首先要使国家机器实现现代化。所以，晚清财政转型最终推动了国家机器向现代的转型。

这样的推论听起来有些抽象，现在我们来认识一个人，名叫载泽。他主持的中央财政机构度支部的改革，可以作为清末国家机器转型的具体象征。

载泽的度支部

载泽是晚清政坛上的一位重要人物，也是一位皇室成员。慈禧太后把自己的亲侄女嫁给他，而他的妻子有一位亲妹妹，正是光绪皇帝的皇后。

当然，载泽真正被记入史册，不是因为皇族亲戚关系，而是从著名的"五大臣出洋考察"开始的。当时清政府的统治已经岌岌可危，但当它看到在日俄战争中，实施君主立宪的日本战胜了君主专制的俄国，就在1905年派出了考察团，去了解国外的政治经验。这个考察团的团长，就是38岁的载泽。载泽考察了日本、英国、法国、比利时等国，把自己的观察思考记录下来。回国以后，他向慈禧太后和光绪皇帝上了一道密折，奏请实行预备立宪。除此之外，他还推动机构改组和法律修订，甚至还主持了宪法的草拟。由此可见，载泽在皇室中算是开明派，很有改革的魄力与能力。他主导改革的一个重要成果，就是将户部改组为度支部。

由载泽亲自主导的度支部改革，是清末预备立宪的重要组成部分。改革的成就怎么样呢？晚清政坛上载泽的死敌、后来任民国总统的袁世凯评价说："前清预备立宪，惟度支部最有成绩，余皆敷衍耳。"

让自己的政敌都称赞的载泽，到底在度支部做了些什么，以至于在今天可以把度支部当作帝国向现代国家转型的象征呢？

帝国财政中的户部

自唐代起，户部就成为帝国最高财政管理机关的正式名称，它负责管理全国的疆土、户口、田亩、财赋。户部具体有什么职能？

首先，它是一个专业机构，既要为皇帝实施财经政策提供咨询意见，也要管理专卖、铸币等专门事项，甚至还要派人直接征税。

其次，它作为国库、会计和出纳的主管，要收取各省上缴的钱粮物资，进行仓储和账目管理等。

再次，作为上级监督机构，户部还要对各省的财政工作进行监管，审核它们的年度财政报告。

最后，户部还是一个协调者，就税赋、仓储、赈灾等事务，要和工部、内务府等机构进行工作协调和资源调配。

清承明制，在户部机构方面的主要变化是，想方设法保证满族人控制中央财政机构。比如，在人员安排上设满、汉户部尚书各一人，户部左右侍郎也安排满汉各二人，其他官吏配置方面也是如此。不变的地方有，在机构设置上除了部内办公机构外，主要按省分别设立清吏司作为职能机构（清代有14个）以主管各省财政事务，另外还设立一些直属机构承担特定的事务，比如铸造钱币、管理仓储等。

到了晚清，在西方现代国家制度的对比下，作为帝国机构的户部暴露出久已存在的问题。

首先，户部过于重视对地方财政的控制，在机构设置上只想让它们互相牵制，却忽视了专业化分工和办事能力，造成了大量的职责不明和业务重复。比如，户部的山西清吏司除了管山西省的钱粮业务外，还要兼管各省向中央的财政奏销业务。另外，同一个业务却可能由不同的机构管理，比如八旗官员的养廉银由山东清吏司兼管，在北京的官俸兵饷却由陕西清吏司兼管。

其次，在人员配备和职权分工方面，户部也没能形成现代金字塔形的有效行政结构。刚才我说到户部的尚书和侍郎，他们两者之间并不是上下级关系，都有向皇帝直接上奏的权力，而且满、汉大臣还并立，这样就容易造成事权不分、相互扯皮的现象，行政效率自然大大降低。

最后，户部和工部、内务府这些机构之间，也有职能划分不合理的问题。比如，工部也有征税部门，内务府也办理很多财政事务。这样造成的后果显而易见，不但会削弱户部作为最高财政部门的作用，还造成了财力分散和管理混乱。

户部存在的这些问题在和平时期还好一些，可一旦到了国家危急时刻，就会是致命性的。举个例子，光绪二十年（1894），中国为什么会在甲午战争中打败仗？原因当然有很多，但以户部为主导的财政机构征税能力过低、中间环节漏损过大，是极为重要的原因。在当年，中国老百姓的实际财政负担大约占国民收入的6%，而中央政府的财政收入不到国民收入的2%。这是什么意思呢？就是说，老百姓创造出100块钱的收入，上缴了6块，中央只拿到2块，中间有三分之二"漏掉"了。而同一年的日本，中央政府收到的赋税占国民收入的三分之一，就是说，老百姓创造100块，中央政府能拿到33块。有学者估计，当年中国的国民收入大约是日本的6倍，可是清朝中央政府的财政收入却远远不如日本中央政府。这说明日本的财政机构，是更为成功的征税者，而清政府的户部是失败的征税者，不能把国内的经济资源动员起来去赢得战争的胜利。

度支部内部机构的改组

到了光绪三十二年（1906）下半年，跟载泽一起出洋考察、在出国前任户部侍郎的戴鸿慈，建议将户部改名为度支部。这是因为，当时财政领域的诸多变化已经让这个机构名不副实了。比如，以前叫户部是因为财政机构只管人户和田土，可现在的财政部门还要管国税、关税、货币、国债等很多新的事务，再叫户部就不合适了。

其实改名称还不算什么大事，怎么让度支部有效地发挥为国理财的作用才是真正的大事。载泽在光绪三十三年（1907）任度支部尚书，之后大力改组部内机构，让度支部向现代国家机构迈出了一大步。

载泽发动的改革，在宗旨上是要合理化全国财政事务。在机构设置上，对部内办公机构，他只设承政、参议二厅处理办公、人事、审议事宜，将原先户部众多的部内事务性机构全部裁撤。这样不但节约了行政成本，而且提高了行政效率。他还把按省设置的14个清吏司，改为按职能设置10个司，分别管理田赋、税课、军饷、会计等专门事务。这样的设置极为合理，机构之间也可以进行职能分工与相互协作。在人员安排上，度支部不再设置满汉双头领导，不再区分满汉官员，尚书和侍郎之间明确建立上下等级关系，这就大大提高了行政效率。此外，在货币设计与铸造等事项中，他使用专门的技术职员而不是过去被视为贱业的胥吏或工匠，这为吸引新学人才进入政府提供了渠道，为中央机构走向专业化、技术化创造了可能。

除此之外，载泽作为度支部的尚书，还兼任了税务处的督办税务大臣和盐政处的督办盐务大臣，分别负责管理海关和盐政事务。为什么要兼任呢，合并后统一管理不是效率更高吗？载泽本来是打算把税务处和盐政处并入度支部，但是因为在度支部改革的时候，海关税务控制在洋人手中，盐政处主管的盐业收入大多控制在地方督抚手中，合并受到了强力的抵制，没能成功。所以最终度支部尚书兼任这两个职位，这既是对抵制力量的一种妥协，也给未来度支部收回管理权留出了空间。

清理财政

载泽在度支部设立了一个临时直属机构"清理财政处"，专门用来从事财政清理工作。他还要求各省设立清理财政局，由度支部派员监理。载泽当时的说法是：

> 清理财政,为预备立宪第一要政,各省监理官,又为清理财政第一关键。

载泽把清理财政作为预备立宪、推动国家转型的自觉手段予以运用。因为现代国家的财政是一种理性的财政,至少包含以下三个方面内容:第一,清晰界定政府职能,以此建构政府组织结构、安排必要的政务活动,这样才可以确定各项支出数;第二,对社会经济状况作一个全盘的调查统计,这样才可以弄清可税资源的分布与征收途径;第三,在信息充分和可计算的基础上,决定税收的征收方式与使用方向。

由此看来,通过财政清理将全国的财政资源完整、统一、公开地呈现出来,以便知情与使用,确实是国家理性化的重要一步。载泽也是这么做的。他要求各省督抚在清理财政局的帮助下,查清各自的财政资源,整顿混乱的财政状况,然后编成《财政说明书》送达度支部。各省提交的共20卷《财政说明书》,包含了极其详尽的资料,把当时中国各省的财政情况初步呈现出来,为接下来编制全国预算打下了基础。

事实上,在当时对整个国家进行理性化调查,不仅限于清理财政。为了预备立宪,清政府要求各省设立调查局,专职调查各省的民情、风俗、商事、民政、行政规章等。无论是从当时的意图还是事后的结果看,清政府做这些事情都是在为构建一个现代国家奠定基础。

试办预算

说到预算,我们知道,预算制度不仅涉及政府对财政资源的总体支配和对政府工作的合理安排,而且意味着民众可以通过代议机构来讨论预算安排、评议政府工作、监督政府官员。所以预算编制与立法机构审议，是现代国家的标准特征。我们一起来看看载泽在预算领域做了些什么。

宣统二年（1910），载泽主管的度支部要求各省在清理财政的基础上，由清理财政局编制省预算，然后经督抚核准后上报度支部，再由度支部汇总中央各部院的预算经费，编制全国预算草案，最后提交资政院审核。这样就形成了一个初具全国规模、程序完整的1911年预算草案，并由具有代议机构雏形的资政院审批。在中国财政史上，这件事情具有开天辟地的地位。更令人惊讶的是，资政院对度支部提交的预算草案意见很大，极力主张将支出减少7000多万两白银，才予以通过。资政院修正的预算案由于削减过多，事实上执行不了，但在形式上却表现出立法机构对行政机构的制约，所以此次预算审批事件可看作现代国家制度在中国运行的一次伟大尝试。

载泽的度支部又在1911年着手编制了1912年的财政预算，大力改正1911年预算编制中的缺点。由于清室退位，这份预算案无疾而终，但它对民国初年的财政运行有指导作用。尤其是这两次试办预算所培养的人才和积累的经验，为民国财政管理奠定了基础。

小结

晚清政府在预备立宪过程中，把户部改成度支部，由宗室大臣载泽主导在度支部改组了内部机构、清理了全国财政、试办了预算。载泽的度支部，反映了从海关税开始的中国财政转型乃至国家转型获得了阶段性的成功。

也许有人要问，晚清财政机构改革既然做得不错，那清王朝为什么会亡呢？清亡以后中国的现代国家之路走得也不顺利啊？晚清财政机构改革成绩不错，但对晚清国家来说，包含财政改革在内的预备立宪来得过晚，历史已经不再给清朝统治者机会了。此外，我也一再说到，帝国制度的根本弊病，在于君主权力是一种基于天下土地产权而形成的特权，这样的特权不可能成为真正的公共权力，这就造成前面章节反复说过的帝国制度运行的种种问题。所以，帝制必须被推翻，国家制度才能在新的平台上按现代要求重建。

还要说明的是，对晚清时期的中国国家转型来说，主要的变化发生在国家机器层面上，还没有深入社会经济的层面。所以，在清末，社会经济层面现代化的程度还不够，不足以支撑国家机器的变化。此时中国人面对的历史任务，是要运用国家机器的力量改造社会经济基础，让它实现现代化，再来完成国家整体的转型。这就是从民国到新中国的历史故事了。

本章的内容至少以下几个方面值得重视：

一、载泽作为清朝最后一位财政大管家，对度支部内部机构设置进行了改革，按职能设置司，对机构组织实行合理分工，从而提高了行政效率。

二、载泽把清理财政作为预备立宪、推动国家转型的手段，从而将全国的财政资源完整、统一、公开地呈现出来。

三、载泽的预算案虽然无疾而终，但对民国初年的财政运行有很大的指导作用，培养的人才和积累的经验，也给民国财政管理奠定了基础。

结　语

到"度支部"这一章为止,我尝试从财政视角再看一遍中华史的历程就结束了。希望这本讨论中华帝国财政史的书,能通过"回望中华,回归中华",帮助读者更好地"放眼世界,走向世界"。

本书的主体内容是讲财政制度在历史时空中的变化过程,借此来透视中华帝国的成长史,体会财政权作为强制性权力不断公共化的趋势。我想,读完本书内容的你,一定会对中华帝国制度有同情的理解,不会把中国古代的帝国制度看成一团黑暗,也一定能够洞察在历史背后推动中国走出帝国的那种蓬勃动力。

接下来,我想交代几个在正文中不便讨论但又意犹未尽的问题,以结束本书。

帝国财政史上的三个关键词

帝国财政史上有三个关键词,可以用来贯穿本书的内容。

第一个词是责任。在本书中,我借助财政的视角讲解帝国制度,又叙述了在此制度结构约束中人的行动。历史上,中华民族的生存与繁荣,离不开帝国制度的建构;而在此制度下,一个个鲜活人物的行动又反过来塑造了制度,改变了历史的方向。这些人为什么会这样行动?除了利益的驱动外,我想离不开他们对历史责任的自觉担当以及躬身入局的道德勇气。文学贤良为什么直诋公卿、辩难侃侃?王安石变法时为什么要强调"三不足"?张居正为什么要用近乎篡权的方式改革？张謇为什么要顶着骂名去办厂？孔子以来士人对君子责任担当的强调，成为中华文明扩展和国家治理的强大内驱力。正如复旦大学姜义华先生反复强调的，像孙中山等人之所以发动辛亥革命，根本不是什么阶级利益的驱动（辛亥革命也因此不是资产阶级革命），而是中国士人在新的条件下以天下为己任的责任担当。我想，这样的责任担当，在未来仍将成为中国发展的内生力量与精神资源。

第二个词是权利。凡事过犹不及，太强调责任，有时就会忽视权利。通过财政视角来透视中国史，会发现财政制度建构的第一件事不是安排收入，而是界定产权。只有界定清楚产权，承认人的主体地位和自身积极性发挥的重要性，让经济活动者能获得他们努力的大部分成果，经济才能运行，文明才能繁荣。财政为什么会从直接占有人身的城邦税人时代，走向依托土地的帝国税地时代？是因为直接占有人身的劳役，使得"民不肯尽力于公田"，只能"履亩而税"，以收取固定地租的形式承认人对自身劳动力及劳动剩余的占有。在现实中，帝国虽然一再重复劳役形式，但不得不屈服于历史的趋势，不断地从制度上消灭劳役。在帝国时代，农民经济在相当程度上仍是生存经济，劳动者迫于生存而劳动，个人独立主体地位与主动积极性尚未占据主导的地位。但在帝国时代已起源而到现代条件下蔚为大观的工商业经济发展，能创造更多的剩余，但也因此更依赖于承认人的独立主体地位和权利，依赖于公共权力对产权的保障。毕竟没有人会去做预期要赔本的生意，正像"税商"那一章宋高宗向秦桧指出的那样。宋元时期的税商政策，因为没能始终重视这一点而失败，而自晚清开始的现代税商认识到了这一点，最终形成了推动中华国家转型的力量。没有权利保障，就没有现代工商业，现代国家通行的税收型财政也就成了无源之水。

第三个词是谈判。在中华帝国财政史上，主张重农的文学贤良可贵，但主张重商的桑弘羊就错了吗？实行激进主义改革的王安石让人感佩不已，但持有保守主义态度的司马光就大错特错吗？交好太后和太监并趁皇帝年幼之际勇于改革的张居正了不起，但当时那么多反对"一条鞭法"的意见就全无道理吗？财政不可盘剥民众，但国用总得花钱，压迫民众和满足公务所需之间的界限在哪里？帝国成熟时期的教训告诉我们，它不在于某个祖制中的客观定额，而在于跟民众谈判。在帝国时期，地方层面上曾出现过类似"粮席"这样的谈判机制，到清末出现了上升到国家层面的资政院。财政政策该选择积极还是消极？财政的恰当界限、支出的正确方向在哪里？这些都需要有正式有效的谈判机制，随之而来对谈判结果实施的监督机制，以及与时俱进的纠错机制。这样的公开、平等、理性的谈判机制，也是财政权力公共化的最好体现。

与其他物种不同，人的伟大在于发明了国家，并且能不断地改进国家制度、组织机构与价值形态。对国家采取虚无主义的态度是要不得的，对税收恨之入骨也不是健康的态度。关键在于，如何建构一个兼顾责任、权利、谈判的财政制度，让国家为众人的生存和繁荣而服务。这是我通过本书想要说明的历史启示。

用概念来反思历史

"历史"一词，既可以用来指曾经发生的事情，也可以用来指记载并评价这些事情的著作。就后者而言，在我个人想来，至少有三种类型的历史：考古的历史、消费的历史、反思的历史。所谓考古的历史，就是说写作目的是还原事实，告诉人们曾经发生过什么样的事情。所谓消费的历史，写作目的在于提供有趣味的故事让人愉悦，还可能顺带给人提供一些有益的启示。这样两种历史，已经有很多人写过，前者以学术著作为主，后者以休闲读物为主。我的这本书自认为属于第三类，即"反思的历史"，就是说写作目的在于用理论去解释历史事件，以发现历史的规律或者说历史中存在的因果性。

用理论去解释历史事件，就是尝试着用概念去把握历史，以达到对历史发展的通透认识。所以本书开篇的"财政之眼"一章内容在历史类书籍中，会显得比较特别，先交代了从财政视角认识历史的几个概念。只有拥有发现美的眼睛，才能在生活中发现美；只有掌握财政的一些概念，才能从财政史中洞察隐藏在深处的秘密。与此同时，我也相信黑格尔所说的："概念所教导的，必然是历史所呈现的。"所以，本书在展开时有三个概念的线索，一个概念是财政要素，一个概念是国家类型，还有一个概念是公共权力。三个概念合在一起理解，就是财政权在中华国家史上如何不断地实现公共化的过程。抓住这个线索，就能明白历史演变的方向所指与力量所在。

用概念来反思历史，尤其从财政视角出发，确实可以给历史一种相对深入、独特甚至有时是颠覆性的解释，能揭示出历史的复杂与深层的秘密。以"太监收税"这一章为例。万历皇帝让太监去收税，这是许多史书上都提到的事件，对此很多人给予了否定与谴责。我在这一事件上，至少分析、解释出四层意思：

（1）传统强调的皇帝的昏庸误国与太监的疯狂为祸；

（2）已有人关注过的，皇帝与大臣在工商业经济领域争夺利益，换言之，传统观点认为站在道德制高点的文人大臣其实也是为利，并没有那么高尚；

（3）少有人提及的太监收税在法理上是正当的，即皇室财政在帝国史上具有合法性，同时它也有积极意义，只不过帝国越成熟就会越暴露其消极性；

（4）值得关注的征税方式与国运兴衰之间的关系，即盯着田赋不放的明清王朝，未能在工商经济领域形成国家与民众的命运共同体，不能从日益发展的工商经济中获取可靠税源，进而通过更好的公共服务来促进经济社会发展。

反思并解释历史，目的是发现历史中的因果性；而在发现因果性之后，要么利用因果性，要么反抗因果性。

利用因果性，就像我在"盐利""太监收税""黄宗羲定律"等章节中表明的，财政若能在确保民众产权的基础上征税，就可以达到统治者与被统治者之间的利益共容、公私两便。

反抗因果性，就像我在"轻田租""国弊家丰"中表明的，豪强士族会不断自然地产生，这对于国家发展是不利的，因为豪强士族会垄断政治、经济、社会中的一切机会，将一个国家凝固化，窒息发展的机会，对此必须加以反抗。正如尼采所言，真正的历史人物都是通过反抗历史必然性来创造历史的。

在"国弊家丰"那一章我提到诺斯用过的一个与此相关的概念——"自然国家"。这个概念指的是执政精英很自然地倾向于让自己的集团垄断政治、经济、知识等一切机会，因此自然国家的形成符合历史的因果性。我在"财富战争"中说，在南北朝直至隋唐时期，历史人物想尽办法反抗了这种历史的因果性（必然性），打破了豪强士族的垄断，开放了政治、经济、社会机会，由此才赢得了中华帝国后来的辉煌。但并不是每个国家都能完成这样的任务，比如印度在历史上始终无法打破凝固的种姓制度。在现代国家，反对垄断、节制资本，一定程度上也正是要反抗这样的因果性。

相对于"自然国家"来说，今天欧美这样的发达国家就曾经历了"不自然"的过程，因为它们的历史人物反抗了必然性，开放了政治、经济、社会机会,让各集团之间能够展开竞争,让各相关主体能充分参与。这是西方国家成功的秘密,某种程度上也给不发达国家提出了历史任务:要想成为发达国家,执政精英就必须开放政治、经济、社会机会。

历史中的归因与归责

本书中,有关财政史的事件与人物的史实问题,我所运用的基本上都是常识,并没有补充多少历史事实。我个人着力的对象是历史的归因与历史的评价。

对于历史归因,我想寻求的是某种历史的规律。有一种看法是,历史发展遵循"随机游走",并没有什么规律可言,或者强调即使有规律,人也无法认识。这样一种看法,实际上是认为历史发展充满偶然而没有必然。与此相反,有人持有历史必然性的看法,相信历史的目的论(又分神定的目的和人的理性设定的目的),或者相信人受某种基本结构(经济的、社会的或者价值的结构等)的决定。相信历史偶然性的人,要么不相信历史目的,要么基于人的自由意志而反对结构决定论。到最后,历史偶然性与历史必然性的争论,很大程度上成为信仰之争。

举例来说,就像在股票市场上有两类投资基金:一类是被动型基金,它相信股市走势并无规律可言(唯一可称得上规律的是就长期而言,指数涨幅总超过银行存款利息),因此只能被动地根据股票指数构成去投资(复制股指中所包含股票的品种与比重),以便获取指数涨幅收益;另一类是主动型基金,它相信股市或某些股票涨跌有规律可言并且可以被发现,于是这类基金根据自己发现的规律去主动购买股票或其他证券组合,以获取超过指数涨幅的收益。事实上在股票市场上,这样两类投资基金一直都有,而且大概会长期存在下去，至于到底投资哪一种基金，则取决于投资者相不相信股市走势存在规律。

我个人相信规律的存在，或者说相信一种弱的必然性存在。因为有某种必然性而非随机游走，所以我们才有可能认识；而这种必然性是弱的，所以我们才可能反抗，正如上文对"财富战争"的分析。

当然，这里也涉及一个历史哲学问题，即我们认识到的历史因果关系是真实存在的吗？在历史哲学中，若认定历史因果关系真实存在，并认为若有某种对历史因果的解释符合这样的真实，那这种解释就是正确的，这被称为"符合论"。大体上，符合论认为，不同的历史著作和历史理论都在尝试提出符合真实历史因果关系的解释，越接近越称得上是正确的解释，甚至可以说是唯一正确的解释。但另外一种历史哲学被称为"融贯论"，它认为可能并不存在唯一真实的历史因果关系，存在的只是对某种历史因果关系的竞争性解释。谁解释的历史现象更多、谁的内部逻辑更协调、谁与我们打算接受的别的解释更融贯，我们就暂时接受这种说法为正确的解释。在融贯论之下，承认存在多种解释，而且接受其他解释有存在的合理依据。我个人基本接受的是融贯论，相信对历史因果的各种竞争性解释中有很多都能成立，但在某种意义上或从某个角度看，有一种解释相对于其他解释来说更好。而且，我相信越到人类历史后期，我们越能得到更好的、更清晰的历史因果解释。

在本书中，我一直尝试着做出一些历史因果解释或者揭示某种历史规律。比如，对于曾小萍教授将雍正帝改革失败归因到当时中国的农业经济结构，我承认这种解释是有道理的，但我个人对此问题的归因则是当时帝国的制度结构的局限。当然，在历史归因问题上，需要注意的是不能把因果链拉得太长。

结 语

以"税商"那一章的内容为例，宋代税商后果的大致历史因果链是这样的：A 蒙古军队入侵→B 财政压力大出现危机→C 利用各种手段增加财政收入特别是从盐酒茶获取税商收入→D 民穷财尽→E 军事失败→F 宋亡。我在那一章着重讲解的是 C→D 这一因果链条，考察税商手段对民穷财尽的影响，因为这本书就是从财政来认识历史的。可是如果追究更多的因果链的话，那就可以追问，在蒙古人的入侵威胁下，财政不靠税商增加收入怎么能行呢？这就涉及A→B→C 甚至更远的因果链了。

朱学勤老师讲过一个故事来说明历史的因果链不能追究得太远。警察要追究醉汉酒后驾车，醉汉辩解说，他之所以饮酒是因为酒吧老板卖酒。酒吧老板辩解说，他之所以卖酒是因为酒厂造酒。酒厂老板辩解说，他之所以造酒，是因为两千年前有人发明了酒。

回到"税商"那一章的例子。应该说，这一章所说的 C→D 的因果链没有什么问题，但在历史上似乎确实没有其他方法来摆脱 B→C 这一因果关系，财政危机带来税商手段的使用似乎也无可指责。当然，B→C 是否具有必然性，有没有其他方法解决当时的财政危机，今天的人可以设想，南宋的人像浙东学派的叶适、陈亮等人也有过很多建议。只不过历史没法重来，分别对他们的建议加以实验。

再补充一点，如果我们继续追究刚才的因果链，追问蒙古人为什么会入侵，那回答可能是因为它军事力量强大；为什么军事力量强大，可能的回答是因为出现了成吉思汗这样的天纵之才……如此这般，最终我们就把原因追究到上天或者上帝了。这就是法国启蒙思想家伏尔泰所说的，任何问题的原因追究到最后，我们就不得不求助于神或者说回到神。作为街谈巷议，这样追究没什么，可能还很有意思。但在学术上，因果链条追究太长就没有意义了，所谓原因的原因的原因，不再是原因。

在历史归因之后，还有一个历史评价与历史归责问题。当然，有人主张对于历史搞清事实即可，无须评价。但我个人觉得评价还是有必要的，它有助于我们深化对史实的认识，并对我们今天有所助益。那么历史如何评价？具体到"雍正帝改革"那一章，我想至少有三个方面：基于当时条件的评价；基于改革目的的评价；基于后世影响的评价。基于当时的条件评价雍正帝，应该说他的改革是成功的，达到了帝国时代财政的最高成就。曾小萍教授在《州县官的银两》中对雍正帝改革的评价是，它是失败的，这是基于改革的目的和后世的影响来说的。就是说，雍正帝改革，并未达成"以公完公"的目的，地方政府依然经费不足，政府内部腐败横行，整个国家离心涣散，不能有效地克服19世纪中国遭遇的内外危机。曾小萍教授的评价也是有道理的。

在本书中，我还经常结合现代国家的状况或者今天的眼光来进行历史评价，之所以如此，最主要的原因是把历史看成有机成长的过程，通过参照比较成熟的状况或者说已经结出的果实，再去搞明白当时的历史发展状况或者起因，相对比较容易。就像马克思说的，人体解剖是猴体解剖的钥匙，对照成熟的人体来研究不那么成熟的猴体，具有很好的参考意义。

不过，确实需要注意的是，要区分历史评价与历史归责。对于历史人物，可以评价，但尽量不要过于苛求并谴责。如果实在无法区分开归因与归责的话（有时归因即是归责），也尽量对历史人物抱有同情的态度。在"商鞅变法"那一章我说到，商鞅变法建立起来的帝国制度当然是专制主义的，但要看到它的历史意义，而不要去指责商鞅具有什么暗黑心理或歹毒心肠。这么做，就有些过于苛求古人了，也犯了时代误置的错误。就像指责一个8岁孩子幼稚一样，不是说批评得不对，而是过于苛刻。

历史是很有意思的领域，正是通过不断地学习史实、反思历史，弄清历史中的因果关系，人类才可能进步。黑格尔有句俏皮话："人类唯一从历史中学到的，就是他们没有学到任何东西。"我想，这句话更大程度上不是对我们学习和反思历史进行劝阻，而是对我们的学习和反思给予激励。欢迎你继续学习和探讨历史问题，更欢迎你有机会、有兴趣的话多尝试从财政视角来反思历史。

参考文献

1. 陈得芝等：《元朝史》，人民出版社 1986 年版
2. 邓广铭：《北宋政治改革家——王安石》，陕西师范大学出版社 2009 年版
3. ［德］黑格尔：《法哲学原理》，范阳、张企泰译，商务印书馆 1961 年版
4. ［德］黑格尔：《历史哲学》，王造时译，上海书店出版社 1999 年版
5. 黄仁宇：《中国大历史》，三联书店 1997 年版
6. 黄仁宇：《十六世纪明代中国之财政与税收》，三联书店 2001 年版
7. 〔清〕黄宗羲：《明夷待访录》，中华书局 2011 年版
8. 李军：《士权与君权》，广西师范大学出版社 2001 年版
9. 李开元：《汉帝国的建立与刘邦集团》，三联书店 2000 年版
10. ［法］卢梭：《社会契约论》，何兆武译，商务印书馆 1980 年版
11. 吕思勉：《大中国史》，吉林出版集团有限责任公司 2012 年版
12. 马大英：《汉代财政史》，中国财政经济出版社 1983 年版
13. ［美］理查德·马斯格雷夫、艾伦·皮考克主编：《财政理论史上的经典文献》，刘守刚、王晓丹译，上海财经大学出版社 2015 年版
14. 蒙思明：《魏晋南北朝的社会》，上海世纪出版集团 2007 年版
15. ［意］莫斯卡：《政治科学要义》，上海人民出版社 2005 年版

16. ［美］道格拉斯·诺斯、罗伯特·托马斯：《西方世界的兴起》，华夏出版社 1999 年版

17. ［美］道格拉斯·诺斯、约翰·瓦利斯、巴里·温格斯特：《暴力与社会秩序》，杭行、王亮译，格致出版社、上海三联书店、上海人民出版社 2013 年版

18. 钱穆：《国史大纲》，商务印书馆 1996 年版

19. 钱穆：《国史新论》，生活·读书·新知三联书店 2001 年版

20. 秦晖：《传统十论》，复旦大学出版社 2003 年版

21. 石磊译注：《商君书》，中华书局 2009 年版

22. ［英］阿诺德·汤因比：《历史研究》，曹未风等译，上海人民出版社 1997 年版

23. 万明主编：《晚明社会变迁问题与研究》，商务印书馆 2005 年版

24. 王利器：《盐铁论校注》，中华书局 1992 年版

25. 汪圣铎：《两宋财政史》，中华书局 1995 年版

26. 王业键：《清代田赋刍论》，人民出版社 2008 年版

27. 吴树国：《唐宋之际田税制度变迁研究》，黑龙江大学出版社 2007 年版

28. 吴思：《潜规则》，复旦大学出版社 2008 年版

29. ［英］约瑟夫·熊彼特：《税收国家的危机》，刘志广、刘守刚译，附录于［美］哈罗德·格罗夫斯：《税收哲人：英美税收思想史二百年》，刘守刚、刘雪梅译，上海财经大学出版社 2018 年版

30. 叶振鹏主编：《20 世纪中国财政史研究概要》，湖南人民出版社 2005 年版

31. 曾小萍：《州县官的银两》，中国人民大学出版社 2005 年版

32. 周育民：《晚清财政与社会变迁》，上海人民出版社 2000 年版

附录：《燕京书评》访谈问答

按语

本书在相当程度上可以算是我的专著《财政中国三千年》（上海远东出版社2020年版）的精编通俗版。下面的文字，是《燕京书评》的张弘老师就《财政中国三千年》对我的访谈问答内容。我把这些文字放在本书《附录》中，并对其中与本书内容重复的地方作了删节，供有兴趣的朋友进一步理解本书。接下来，问的部分由张弘老师提出，答的部分则由我给出。

1. 问：我读完本书后感觉到，你在本书中有一个立场的转换：在论及中华帝国时，采取的是大共同体本位；在本书最后论及通向现代国家的财政道路时，又变成了个人本位。我相信，这种立场转换有你自己的考量。那么，其中的原因何在？

答：这是一个非常好的问题，借着你这个问题以及有朋友对这本书中国家主义立场过强的批评，我重新反思了自己写这本书的立场、方法与视角。我想有以下几个方面的原因使你们做出这样的判断。

（1）我个人的思想倾向。如果用西方政治思想光谱来描述的话，我大致接近于左翼的社会民主主义，既主张个人权利或者说以个人为本位的价值观，又相信国家的力量，认为在现代国家中政治责任具有相对于市场逻辑的优先地位，赞成国家应该而且能够运用财政工具来改善大众生活状况、消除贫困和失业，以最大程度地实现人的自由。虽然这本书并未涉及社会民主主义，但可能在写作时我不自觉地带入了这一思想倾向。

（2）这本书写作的方法与视角。虽然书中并未多说，但我个人从事财政史研究，一直带着强烈的政治学意识进入。我理解的政治学，是寻求个体与整体间平衡关系的学问，自然就涉及"权利—权力"两者间的平衡。从政治学来写这样的书，可以从权利入手，探索个人权利如何在国家权力约束下不断得以实现，也就是你说的"个人本位"；也可以从权力入手，探索权力中所包含的公共性如何在现实中不断成长，最终实现人的自我统治，这看起来像是"大共同体本位"。不过，我想这两种路径应该是殊途同归的，人的自我统治也就是人的权利实现。在现代国家，这一点表现得越发清楚。在这本书中，我采取的是第二条路径，所以可能显示出你所说的立场转换。

（3）这本书的内容。这本书尝试着从财政视角探索中华国家的成长史，其中的核心内容涉及财政制度所立足的人的生存状况的变化。显然，早期的中国人（即我书中所说的城邦时代）更多生存于共有共耕的村舍共同体，并因此建立起以税人为主要形式的财政制度。后来到帝国时代，人生存于皇权笼罩下的家庭家族共同体中，在财政上表现为小农家庭基础上以税地为主要形式的制度。最后是迄今为止逐渐呈现的现代国家，人表现出经市场连接的个体化生存状况，并因此体现为税商的财政制度。生存状况的变化，使得基于此而活动的财政制度、国家制度都发生非常大的变化，为此我在书中的描述也肯定跟着变化，也可能呈现出你所说的转换。

2. 问：你将中国战国至晚清的帝国时代的财政类型称为"家财型"，意思是帝国君主获得财政收入主要来自自己在法理上对天下土地的拥有或支配，收入来自自家财产，治国如同治家，由此突出家国一体的帝国财政制度特征。我理解，你所说的法理基础即"家天下"，如黄宗羲《明夷待访录》所说："以为天下利害之权皆出于我，我以天下之利尽归于己，以天下之害尽归于人，亦无不可；使天下之人不敢自私，不敢自利，以我之大私为天下之大公。始而惭焉，久而安焉，视天下为莫大之产业，传之子孙，受享无穷。其既得之也，敲剥天下之骨髓，离散天下之子女，以奉我一人之淫乐，视为当然，曰'此我产业之花息也'。"用刘泽华先生的分析，即王权专制主义，这是书中隐而不彰的论说基础或起点吗？

答：我所命名的家财型财政，确实跟黄宗羲对于家天下后果的谴责与刘泽华先生对王权专制主义的分析有关联，他们的论断构成了我分析家财型财政特征及发展的基础内容。不过，对于家财型财政这个概念还有以下两个方面的要点值得注意。

（1）这是一个财政类型的概念。我试图对古今中外的财政，依据收入标准来分类。正如大家熟知的，现代财政在类型上基本是税收型财政。至于家财型财政，是把财政收入主要来源于政府（国有或者君主所有）财产收益的财政形式归为一类，事实上可以将西欧封建国家、中华帝国、1978 年之前的中国的财政都包括进来。在这一类型的财政中，政府财产收益虽然名称上只是一个，但用今天经济学的术语衡量，来源是多样的，既可能来自经营利润、转让收益，也可能来自市场租金，但更可能来自源于垄断地位的垄断租。正因为主要成分可能是垄断租，所以黄宗羲所说的"敲剥"和刘泽华先生说的专制，都是其伴生物。

（2）这个概念本身是中性的。无论是黄宗羲还是刘泽华先生，

附录：《燕京书评》访谈问答

在讨论这个主题时事实上都带有谴责的意味。他们的谴责当然是有道理的，也是这样的财政类型所包含的特征或者说发展的一种后果。不过，我在使用时并没有谴责的意思。我觉得，这样的财政类型是一定历史阶段的产物，有一定的历史价值与地位。对它的利弊得失需要探究，到某个历史阶段后也确实需要超越，但不必过多地谴责。

3. 问：书中注重宏观、整体性的研究，对于财政与底层民众生活之间的关系涉及较少。记得有一个学者说过，中国过去只有农奴，没有农民。从财政学角度，你怎么看待这个观点？

答：本书是在我给本科生授课教材的基础上修订补充而成的，自然就带有教材的一个特点，那就是如何在有限的时间内（教学课时只有 32 节课）把中国财政史的内容讲给学生听，这就必然要求我像黄仁宇先生在美国给本科生讲中国史一样，"广泛地利用归纳法将现有的史料高度的压缩，先构成一个简明而前后连贯的纲领框架"。这样做的后果自然就呈现出你所说的"注重宏观、整体性的研究"，而忽略了对财政与底层民众之间关系的探讨。

历史当然也可以基于人来写，像柏杨先生的那本《中国人史纲》一样。我们的财政史研究与写作，也可以像我前面说的那样，从权利入手，探索个人权利如何在国家权力约束下不断得以实现。这样的话，就会自然显示出从农奴向农民的一个转化过程；或者就像你引用的那位学者的说法，相对于现代，过去的中国就只有农奴没有农民。我想在此方面多种观点是可以共存的，谈不上哪一种观点绝对、唯一正确，只不过需要仔细区分不同观点背后存在的不同分析视角和学术起点。

4. 问：你在书中引用了商鞅的《商君书》，里面有大量弱民、贫民、辱民、控民的手段，你认为这里的"民"可能是指豪民或经济和政治上占据垄断地位的不轨之民。但是，对皇帝而言，财政就是操纵所有民众最好的工具，历代诗文中，因为民众负担过重导致民不聊生、家破人亡的记录比比皆是。但从家财帝国的逻辑来看，这似乎又是"合理"的，因为"溥天之下，莫非王土；率土之滨，莫非王臣"，君主让你富，你才能富，君主剥夺民众财产，似乎也"顺理成章"，因为土地及其上面的人和物都属于君主的私产和依附。那么，"王侯将相，宁有种乎"就是合理的质疑和反抗。秦代以后的两千多年不断陷入治乱循环，与这种君主视天下为家财的观念有什么关系？

答：你这个问题中包含了许多内容，我尝试分解开来一一回答。

（1）怎么评价《商君书》？我在书中说，《商君书》为正在形成中的帝国做了奠基。今天的中国正在走向现代国家，所以今人对于帝国以及其中包含的专制性总是给予最强烈的谴责，以至于连带着对《商君书》的评价也极低。他们的谴责和评价当然有道理，但我个人觉得这只反映了一个侧面的情况。就像黑格尔在《法哲学原理》中说的，对于像有机体一样不断生长的国家，"找岔子要比把握肯定的东西来得容易"。帝国是历史发展的一个阶段，它当然具有专制这样的缺点，但一方面要看到它在历史特定阶段的积极意义，另一方面要用发展的眼光来看待它的缺点。打个比方说，三四岁的小孩自然是幼稚的，但我们不会去批评他；到他十三四岁时，我们可能就会提醒这个孩子要注意各种复杂情况，不要太幼稚；到他三四十岁时，如果再表现出幼稚行为，我们就会严厉地批评。在今天现代国家，如果再表现出帝国时期的专制行为或者你说的视天下为家财，那就犯了时代错误了。《商君书》当然包含了有利于君主专制的内容，但在今天给它严厉的谴责似乎也没有必要，而要注意吸取它包含的合理内容或者借助于它提出的问题来思考现状。比如说你提到的"弱民"问题，我们今天当然已经无法追问商鞅用这个词到底是什么意思。在我的猜测中，普通老百姓已经够弱了，所以弱民应该主要针对的是豪民。商鞅建议的弱民手段可能今天根本不能用，但他涉及的问题在今天仍是有意义的，那就是如何防范社会势力的失衡。翻开19世纪美国进步主义运动时期的报纸，看看其中谴责洛克菲勒为代表的"强盗资本主义"、要求改革政治与税收制度以斩断官商勾结、抑制财富积累的声音，恐怕与商鞅的弱民建议仍有契合之处。

（2）怎么评价家财型财政？说到底，帝国制度也好，帝国家财型财政也好，都是人构建出来用以帮助生存的工具。指出在家财型财政中君主利用财政工具来剥夺民众，这样的观点当然是对的，但仍远远不够。相对于城邦时代那种各级领主所有、村社共耕基础上形成的财政制度而言，在君主法理上拥有天下土地产权、各小农家庭拥有实际使用权并分散耕作基础上形成的家财型财政，对外能集中资源有效应对外来入侵，对内能发挥小农家庭生产积极性而实现效率。我在书中还分析了帝国家财型财政制度的其他优点：君主拥有对天下土地的产权，承担了今天主权一定程度的功能，保证了中华共同体的完整，为维持长期的统一与和平奠定了基础；君权是所有权与统治权的合一，君主为了自身利益而承担起管理的责任（有点像私人企业中所有者与管理者合一表现出来的情况），这也是霍布斯在《利维坦》中主张通过社会契约形成专制君主的原因；还有像黄宗羲总结的"天下为主君为客"，通过王朝的崩溃和君主的更换，来实现帝国生命的延续等。

（3）怎么看待治乱循环与家财型财政的关系？中国历史上的治乱循环是一个很大的题目，我可能并没有能力给予很好的回答。我想尝试表达两个原则性的意见：一个是没有千年不坏的制度，也没有一劳永逸的方案能用来避免治乱循环，就算当今的现代国家制度，按照历史辩证法的说法，其内部也包含着不可克服的矛盾，这样的矛盾推动着国家制度不断向前发展，并最终导致它的灭亡；另一个是前面说到的，王朝的崩溃与新生，固然带来生命与财富的损失，但从长时段来看，它也是人类不断吸取经验、更新制度并最终实现向前发展的必经过程。至于这样的家财型财政与治乱循环的关系，我想至少有这么几个方面：家财型财政的运行乃至整个帝国的运转，高度依赖于君主以及官僚，而君主与官僚兼具公共性与私人性，一旦私人性压倒公共性，这样的财政就难以继续运行，在财政上的表现就是皇帝滥用开支和官僚兼并土地而不上缴田赋，于是收支发生危机，可能引起财政乃至王朝的崩溃；家财型财政收入的主体是田赋，这样的财政收入很难充分有弹性地增长，一旦遇到过大的外来压力而又不能顺利地转向从工商业获取收入，就会引起财政的危机与王朝的崩溃。

5. 问：在你看来，管仲学派重视商业，主张用商业手段实现"利出一孔"，比商鞅用强制手段明显缓和一些。但是，管仲主张的是国家统制经济，所谓"利出一孔"实际上是说，天下所有的好处，天底下所有的利益，都要从权力这个孔出来，由皇帝来赐予。这无疑导致了皇权决定一切，而商业也只是国家获取税收的一个渠道，仅此而已。事实上，秦代以后的君主既抑制了民营商业，又做到了利出一孔，而同时代的西方国家并没有出现这种情况，为什么？

答:"利出一孔"问题是我们财政史中长期讨论的话题。对于这个话题,我们可能要区分两个方面:(1)原文意思的还原,即在《商君书》和《管子》中"利出一孔"到底在说什么;(2)后人的理解,有时候后人的理解未必准确反映前人的意思,但却在历史上广泛流传并发挥了极其重要的作用。

在《商君书·农战》中关于"利出一孔"是这样说的:"民见上利之从一空(即'孔')出也,则作一;作一,则民不偷营;民不偷营,则多力;多力,则国强。"此处"利出一孔"的意思是,民众只能从从事农战中获利,这样国家既有粮食又有作战勇敢的战士。在《管子·国蓄》中是这样说的:"利出于一孔者,其国无敌;出二孔者,其兵半诎(意思是半数军队力尽不能战);出三孔者,不可以举兵;出四孔者,其国必亡。"这里说的意思是,在战争期间只能从一个来源接受命令并获得利益。这两种说法实际上指的都是战时行为,即与国外作战要集中所有的资源来赢得国家的生存竞争,我想这跟今天在战时对人员、资源、物价等实行管制的意思差不多。在原文中,至少我没读出他们要求和平时期也这么做,这两本书的作者更不会去设想要在后来两千多年帝国中都采用这个策略。

后人对帝国时期"利出一孔"的理解,我想既有真实的成分也有误解的地方。真实的地方在于,帝国财政本来就是围绕所有权与管理权合一的君权而建立起来的,在法理上天子富有四海,君主毫不含糊地拥有对所有土地与财富的所有权,其他人能够耕作土地、拥有财富,莫不出于君恩,君主的征税权至少在理论上并没有约束。这就很容易让一部分人设想甚至建议你所说的国家统制经济制度或措施。误解的地方在于,在现实财政运行中,土地及财富除了部分地由君主支配(即皇庄)外,绝大多数仍由民众占有并可以使用、转让，虽然君主有权进行调整甚至剥夺，但出于效率与成本考虑，民众对土地的占有权或使用权在现实中是不断巩固的。此外，在帝国国家治理的理念与行为上，也一直有强大的声音要求君主"不与民争利"，这样的要求虽说并不能时时刻刻地约束财政盘剥行为，但肯定也不是毫无作用的。君主依照法理偶尔尝试实行利出一孔与现实中因技术原因和遭受反对而难以真正做到利出一孔，构成了推动帝国财政发展的一对矛盾。

与之相比，中世纪西欧的情况有所不同。由于封建社会中多元司法竞争体系的存在，任何人在权利受到侵犯而又得不到自己领主法庭的保护时，都可以向领主的上级领主直至向王室法庭申诉，甚至可以借口世俗法庭审判的缺陷而寻求教会法庭的帮助，这样封建各主体的产权确实在一定程度上能够得到保护。特别是居住在城市中的商人，由于城市集体向领主特别是国王赎买了自治权，加上城市法庭的保护，人身与财产权能得到相对好的保护。这也是西欧12世纪开始商业复兴的基础，以及英国这样的国家率先走向现代的原因之一。不过，对于中世纪西方商人的产权保护也不能估计过高，一方面并不是所有的西方国家都是如此，也不是一直如此，另一方面专制的国王与贵族对商人权利与商业活动的破坏仍是频繁发生的。直到16世纪以后，像英国这样的国家才率先走出了新路，其他西方国家因生存竞争的需要通过模仿才走上这条道路。

6. 问：在本书中，你有一个判定，即中华帝国保持了较好的治理业绩与长期发展能力。但是，中国政法大学教授丛日云认为："在历史上大部分时期，西方文明的发展水平都高于中国。此后（指夏代之后）四千年中，大约有二千多年西方文明的发展水平高于中国，一千多年中国的发展水平高于西方。中国高于西方的时期,主要是西方历史上的两个'黑暗时期'(Dark Ages),即公元前 12—前 8 世纪、公元 5—10 世纪或再往后一点。但这两个时期都是蛮族入侵,打断了西方文明的正常发展进程以至出现大倒退的时期。"此外,李稻葵团队研究显示,中国在北宋时期人民的生活水平世界领先,但在元大德四年(1300)之前已经落后于意大利,明朝建文二年(1400)前后被英国超越,清乾隆十五年(1750)之前,虽然中国部分地区和欧洲最富裕地区的生活水平相距不远,但中国整体已经落后于西欧,原因是人口增长速度超过资本、土地的积累速度,导致劳动生产率不断降低。另外,中国自秦代以后,每个朝代长的只有三四百年,短的就不用说,加上每次改朝换代之后大规模的人口死亡,这样的治理业绩似乎谈不上"较好"。对此,你怎么看?

答:你这个问题涉及我们比较历史分析中的最大难题,那就是如何寻找比较的基准点,选择的指标、时间、地点、范围的不同,结果差异也就很大。说 19 世纪开始中国落后于西方,这一结论大致是公认的;但对 19 世纪之前的中西进行比较,分歧非常大。你提到了丛日云、李稻葵两位老师的结论,彭慕兰在《大分流》、弗兰克在《白银资本》等著作中却有不同的结论。我自己没有做过中西方比较的专门研究,就我看到的学术文献来说,似乎中国学者更多认为 19 世纪之前中国早就开始落后于西方,而西方学者更多肯定古代中国的成就超过西方。我想,只要是诚实地使用数据并进行认真系统的研究,即使由不同基准点选择带来了不同的比较结果,我们也不必把其中一种看作唯一正确的真理而排斥其他看法。在我想来,一定程度上这些结果可以共存,共同构成我们对于历史的认识。就像盲人摸象一样,重要的是对于大象的多种描述可以共存,并共同构成大象的形象。

正像我前面说的,在本书中我更多是从政治学视角出发进行探讨。我理解的政治学,就像霍布斯在《利维坦》中强调的,追求的首要目标是实现秩序。在中华帝国两千年历史中,除了魏晋南北朝时期,帝国秩序和内部和平基本得以维持;即使王朝崩溃,也能很快恢复统一秩序。这是我判断帝国治理能力的一个主要标准。我想,如果拿整个欧洲与中国相比(我觉得这样比较才公平),那么欧洲的帝国秩序与内部和平,自罗马帝国崩溃后,几乎不能维持一百年时间(唯一的例外来自1815年巴黎和会之后到第一次世界大战爆发之前的百年和平)。另外,中华帝国内部的财政运行(收入上缴和支出拨付)在王朝稳定期也一直比较顺利,有效地支持国家职能的发挥。有一个细节可以说明一定的问题,那就是明代中期有葡萄牙水手到中国,发现中国的司法秩序太优良了,有原告,有被告,有证人,县官审案之后还有层层复核机制,比起他的家乡当时还广泛流行的神明裁判、决斗裁判要文明得多、理性得多。

当然,不同学者选取不同标准来进行比较,似乎总能找到支持自己的论据。像你说的"每次改朝换代之后大规模的人口死亡"固然可以说明中国在王朝统治末期治理能力的问题。但如果比较于1618—1648德国的三十年战争,为了中国人看来莫名其妙的宗教原因,死亡三分之一人口(男人死亡比例更高),就不能说同时期明清王朝的更替情况差到哪儿去了。当然,我在这里并不是说我的比较就一定公平,因为还有很多复杂的情况需要考虑。

7. 问:中国的商代和西周都属于城邦国家,实行的是封建制,这种封建制与西方的封建制很相似。但是,中国秦代以后变成了郡县制,而西方的封建制实施了很长时间,在绝对君主制时代虽有削弱,但基本形态仍然保留。路易十六就是因为教士和贵族阶层不同意加税而被迫召开三级会议，结果引发了法国大革命。从1648年《威斯特伐利亚和约》以后的情况来看，封建制更有利于现代国家的形成，而中国的现代化道路却曲折坎坷。你怎么看这种差异？

答：你这个问题中至少包含了两个学术方面的问题。

第一个问题是关于封建制的名称。这个问题已有很多学者进行过讨论，我没有做过专门的研究。根据自己阅读得来的大致印象是：首先最初用周代"封建制"这一名称来翻译中世纪西方的feudalism，起因是政治结构的相似，二者都呈现出封君封臣关系；后来是为了套用苏联传来的社会五阶段发展理论，而把中国自战国至清代这一历史阶段也称为封建社会，虽然此时的中国已用郡县制代替了封建制；再到后来，有学者建议不再使用封建社会这同一个名称分别指称从战国至清代的中国以及中世纪的西方，但也有学者从二者都属于地主所有制与土地租佃关系这一经济性质而坚持使用同一个名称——"封建社会"。我个人倾向于不用"封建社会"这一名称来指称从战国到清代这一历史时期。

第二个问题是何种力量或者何种制度结构有利于现代国家的形成。这是一个非常大的问题，也是无数学者尝试解答的问题，为此诞生了太多的经典著作。此处我只能简单回答说，从现代国家权力运行看，有效性与有限性二者缺一不可。存在贵族阶层的封建制在约束国王权力以形成权力有限性方面固然有作用，但它同时也破坏了权力的有效性。从英国、法国走向现代国家的进程看，亨利八世、路易十四分别实行的削弱贵族力量、集权于国王，以至于形成我们今天所说的绝对君主制，是这两个国家走向现代必不可少的阶段。

所以，我个人认为，不能简单地说贵族阶层或者说封建制有利于现代国家的形成。就英国的贵族来说，它之所以成为推动英国率先走向现代的力量，不是因为它能分割国王权力，而是因为它率先走向了商品化，并与城市市民力量融合，变得不像传统贵族甚至可以说不是贵族了。正如巴林顿·摩尔说的："英国有利于自由事业的土地贵族和城市上层阶级联盟，对多数国家而言，是一种独一无二的现象。从更宏观的视野来看，这在人类历史上恐怕只能发生一次。"摩尔的意思是，贵族或者封建制有利于现代国家形成是特例，不具有普遍性。当然，话又说回来，人类社会的进步，总要依赖于某个特例率先突破，然后其他后来者不断模仿与超越，才能实现整体的进步。从这个角度来说，断言中国现代化道路艰难曲折，带有我们中国人自己恨铁不成钢的焦虑情绪，但从全球角度看，我们不见得有那么艰难曲折。

8. 问：在帝国时代（郡县制），无论税柄是税人还是税地或税商，统治者总是处于绝对优势地位，承担税务的民众除了充当输血者之外，能够得到的福利极少（近似于无），这种权责不对应的状况，与城邦制（封建制）相比是否更严重？

答：在我看来，政治制度是人类为了自己的生存繁荣而进行的伟大创造，财政制度是政治制度中的核心，其背后是公共权力。因此，公共性一开始就是各种税柄的根本特征，只不过在国家的不同发展阶段，公共性表现程度不同而已。尤其在传统国家由于公共权力与君主人身结合在一起，君主的私人性可能会压倒公共性，但无论制度建构还是君主个人都从未否认过其中的公共性。比如我书中引用的《商君书》的言论："故尧、舜之位天下也，非私天下之利也，为天下位天下也。……故三王以义亲，五霸以法正诸侯，皆非私天下之利也，为天下治天下。"在书中我引用的《管子》《慎子》《吕氏春秋》，都有类似的文本内容。单就财政的公共性来说，主要表现为承担至少三个职能：保护安全、发展经济、提供福利。在传统国家，保护安全是最为重要的职能，而发展经济和提供福利则主要是现代国家的职能。

回到你的问题。中国在帝国时期，财政提供的福利确实极少，不过多还是少都是相对而言的。这里说"少"，是与现代国家或者跟理想状态相比较而言的。帝国财政提供的福利，跟城邦时代相比，肯定不算少的，因为城邦时代的国家既没有财力也没有渠道直接统治到个人，不可能为个人提供什么福利。其实，中华帝国时期与同时期西欧相比，福利方面也要进步得多。一方面，从理念来说，帝国时期的福利提供被认为是君主作为大家长的责任，我书中引用的桑弘羊的话"使百姓咸足于衣食，无乏困之忧"是那时财政的理念，当然能不能做到那是另一回事；而在中世纪西欧，国王对于人民的福利或穷人的状况并无责任，救济穷人只是彰显国王美德的一种方式，甚至很多时候认为穷人的状况是上帝对他们的惩罚。另一方面，从制度来说，中华帝国时期再分配性质的财政支出还是比较突出的，在时间上（粮食收获与青黄不接、丰收年份与歉收年份）、空间内（灾害地区与正常地区、财富集中地区与贫穷地区）、阶层间（特别体现为对穷人、老人、鳏寡孤独的照顾等），财政支出都在承担福利责任，此外财政还在学校制度、荒政措施等方面有比较多的支出。虽然比起现代国家、比起理想标准来，民众能得到的福利还差得很远，而且不同朝代、不同时期也不一样，但是比起同时期其他帝国，比 1601 年英国的《济贫法》来说，中华帝国政府履行的福利责任不仅并不差，而且应该说可能更好。

9. 问：从历史上看，除了极少数朝代，中国的绝大多数君主都重农抑商，因为以农为本的帝国便于专制统治，而商人和商业因其流动性，控制起来更难。少数朝代的统治者重视商业，那也是因为财政压力之下不得已而为之，并且中国始终没有建立起有效的私人财产保护制度。这几乎决定了资本主义不可能会在中国产生，工业革命不可能在中国发生，你怎么看？

答：这又是一个非常宏大的历史命题，恐怕我没有能力给出很好的答案，只能基于自己的阅读与思考勉强做一点回应。

首先，我想在面对生存风险与未来的不确定时，人类总是分散地寻找更优良的制度来加以应对。有的民族率先找到成功的制度，其他民族跟着模仿，这样人类才能获得最大的生存可能性。那个首先成功的民族，当然有某些必然性因素，但恐怕也有很多偶然性的因素。因此，不能说成功的民族就是天选之子，或者具有某种文化的甚至种族的基因优势。我们过去解释西方的成功，总觉得它是内因驱动的，有其必然性。但维克多·伯克在《文明的冲突》一书中告诉我们，西方的成功来自诸种外来文明不断冲击塑造而成，具有偶然性，至少不像我们想象的那样具有必然性。在《强制、资本和欧洲国家》一书中，查尔斯·蒂利告诉我们，欧洲实际上有三类国家：第一类国家，有强制力量的不断积累并集中但没有资本的集中（像俄国）；第二类国家，有资本的不断积累与集中，但没有强制力量的集中（像意大利城邦）；第三类国家，强制力量与资本都有所积累，但没有前两类国家那样集中（像英国）。到最后，第一类与第二类国家都没有成为现代国家，只有第三类国家才成功转型。在这其中有很多偶然的因素，但不妨碍未成功的国家向成功的国家学习。

其次，在人类社会的进步过程中，不同国家的发展呈现出此起彼伏，暂时的领先不能说明有先天的优势，甚至一个阶段的不成功反而可能是下一个阶段率先成功的原因，即恶因可能带来善果。打个比方说,就像一个在十三四岁就丧父的男孩,可能会先于同龄人变成一个成熟的男子汉。就成熟作为人生的内在目的而言,这个人变成熟当然是好事,但不能倒过去说少年丧父是好事。在我个人看来,西方特别是英国之所以率先实现工业革命与现代国家,正是它未能成功构建帝国的后果。就率先构造出现代国家而言当然是好事,但不能倒过去说它未能成功构建帝国、不能维持和平与秩序是好事。

最后,就私人财产权保护对工业革命、现代国家建设而言,确实是极为重要的。事实上,在我看来,在财政上走出帝国走向现代国家的核心,就是构建成功的私人财产权制度,实现工商业经济的发展,如此才有现代税收与预算制度的基础。这样的关系在西方的成功经验和中国曾经的失败教训中,已经显示得非常清楚明白,对此认真学习和模仿先行者是我们走向现代国家的应有之义。

10. 问:秦晖教授在《传统十论》中揭示过一个中国经济史上的怪圈:"不抑兼并"导致权贵私家势力恶性膨胀,"抑兼并"导致朝廷"汲取"能力恶性扩张,于是朝廷轮番用药,在"抑兼并"与"不抑兼并"的交替循环中陷入"管死放乱"的怪圈,直至危机日重而终于崩溃。本书中描述的北宋末年王安石的新党与司马光的旧党几度易位即如此。秦晖教授认为,问题的关键在于,中国历史上的兼并在本质上不是经济行为而是权力行为,过程的公正才是核心。从财政学角度,你怎么看这一怪圈?

答:我想从财政学角度看,对于兼并,"抑"还是"不抑",至少可以从以下三个方面来思考。

第一,单纯就财政而言,兼并或不兼并本来并无影响。从春秋战国开始,我们财政的理想就是"履亩而税"或者说"据地出税",

根据土地面积（区分等级）来缴纳田赋。至于田赋是由张三、李四等许许多多自耕农分散缴纳，还是由某个兼并了大量土地的王员外集中缴纳，对财政来说并无区别。帝国时期土地兼并之所以会影响财政，无非有两个原因。一个原因是在唐中期两税法之前，由于国家先设法授田再实行税人（收入头税或丁税），如果田地被兼并，农民就无法负担人头税或丁税，国家财政收入就收不上来。另一个原因是，兼并土地的地主，往往拥有制度内和制度外的特权，自己兼并进来的土地常常并不按照税法真实缴纳田赋，这样国家的正式田赋不能应收尽收，没有负担能力的小民就可能要多承担兼并地主设法逃掉的赋税。因此，秦晖老师说得对，兼并本质上不是经济问题而是政治问题，是掌握特权的官僚影响了过程的公正、破坏了财政的制度。这一点正如你所说，王安石与司马光都有认识。

第二，人口过剩问题将因土地兼并而显现。在帝国时代，随着和平日久，人口会迅速增长。如果是自耕农的话，增加的人口将会被自家土地上的过度就业所掩盖，不会暴露出人口过剩问题，暂时也不会有流民问题。就像当年的"上山下乡"，可以用农村土地上的过度就业来掩盖城市中的严重失业。可如果一旦土地被兼并，过剩的劳动力就有可能失去在土地上耕作的机会。由此产生的失业农民甚至流民问题，并不是兼并带来的，它本来就在，只不过被兼并行为暴露出来而已。说实话，在农业经济时代，这样的人口增长带来的过剩危机几乎是无解的，直到18—19世纪的马尔萨斯也只能建议用节欲等消极措施，甚至瘟疫、战争等残酷手段来解决。

第三，抑制兼并这样的做法在今天有没有意义？我想在高度肯定私人财产权的现代国家，帝国时期提倡的抑制兼并仍有一定的启发意义。一个就是我们熟悉的反垄断问题，也就是说兼并不能以破坏市场竞争为目的，否则就要用反垄断立法来加以约束；另一个是，兼并者或者说大资本不能运用金钱力量去腐蚀选举、控制公共权力，对官商勾结的行为一定要严厉打击。

11. 问：你曾在《家财帝国及其现代转型》中归纳过中华帝国三个阶段资源汲取机制的差别：第一帝国（秦汉），"舍地而税人，财政上以人头税为主要财政收入"；第二帝国（唐宋），"向履亩而税过渡，工商业收入逐渐重要，力役处于制度化消灭过程中"；第三帝国（明清），"确立以履亩而税的田赋为正宗财政收入，力役在制度上逐渐消失"。如果从政治学角度看，从"百代皆行秦政制"，而且这种政制在明清两代达到了最高峰。那么，财政的转变与秦政制的强化之间，存在着怎样的对应关系？

答：我想这个问题有两个方面，而你问的是这两个方面是否有对应关系。

第一个方面是秦制到明清两代达到最高峰，或者有人说专制达到了最高程度。对此我的看法是，从一般原则来说，国家有效治理的关键，是围绕公共权力建立并完善政治制度，避免权力为各级官吏所私用。而在帝国，由所有权与统治权合一的君权，代行的是共同体的公共权力，这样的制度可以依靠君主对自身地位的重视来实现公共权力的独立性与至上性，以君主对个人利益的理性追求来保障共同体整体利益和权力运行理性化的实现。因此，在帝国时代，君主不断地把官僚私用的权力集中到自己手中，这看起来是君主通过集权而实现专制，但代表的却是权力不断实现理性化的过程。中国自战国发展至明代的帝国，就遵循着权力理性化的进程。在明初，朱元璋废除了宰相制度，亲揽政务，六部直接向皇帝负责，这既是君主集权也是权力理性化的反映。当然，当皇帝将几乎一切权力都集中在自己手上时，政权也就真正地成为皇帝一家一姓的私有物，各级官僚行使的全是源于君主的制度化授权。专制发展到最高峰，实际上也就为通过废除君主制以走出帝国奠定了基础。这是历史的辩证法。

第二个方面是关于财政收入形式的变化。这个变化主要还是源于历史惯性和征管技术的变化，当然还有对历史教训的一再吸取。按照我的理解，帝国这种国家类型以土地为自己的支撑点，"履亩而税"才是它的正统收入形式。但在第一帝国时期，由于城邦时代税人的惯性以及"履亩而税"存在的技术与管理难题，面对土地管理的困难和人口集中化居住的现实，税人总是方便的。于是汉初先对人授地（除军功授田外，大体按一夫授田百亩进行）再对人征税，是用曲折的税人形式达到实质的税地目的。事实上直到唐初的均田制，都是如此。但这样的做法产生的最大问题，就是前面说过的，一旦农民的土地被兼并，失地农民就无力负担人头税，于是财政就要破产。两税法的施行使得帝国在制度上真正建立起"履亩而税"，自此之后按道理税人性质的力役就不该出现。但在宋明两代又兴起针对有资产人户的差役、在清初出现代替力役的丁银。这既说明帝国政府在用管理方便的力役形式补充收入的不足，更说明帝国征税权并无可靠的控制。

至于这两个方面是否有对应关系。我想从前面说过的权力的有效性和有限性两方面来看，是有很强的对应关系的。从有效性来看，随着专制的加深，君主行使权力的有效性增强，这才有契合帝国内在本性的税地制度（履亩而税）的不断贯彻和实现。从现代国家这一发展目的而言，这种权力有效性的加强并不全然是坏事。从有限性而言，税人（此处主要表现为力役）在制度上一再被消灭却又在现实中不断出现，充分说明在帝国时期国家的征税权力根本得不到有效的约束。当然，这也是人类社会必须走出帝国的内在原因。

12. 问：本书揭示了一个王朝规律：帝国改朝换代初期，因为战争导致人口大幅减少，在地广人稀的情况下，财政可以正常运行。等到人口迅速增长，官僚也逐渐增多，然后会出现财政问题，于是开始土地/财政改革，如果改革成功，帝国就能正常运行；如果改革失败，帝国就走向衰落……如此往复循环。为什么会出现这种现象？

答：这个问题也是一个大问题，涉及对中国古代王朝更替的内在原因的探究。我只能就我的研究，勉强做一点回答。

我在书中揭示帝国财政中存在三大悖论，而所谓的悖论就是正反两个命题都成立。这三个悖论的存在，说明在帝国制度框架内解决治乱循环是没有出路的，必须走出帝国。这三个悖论如下。

第一个悖论，官僚阶层既支撑帝国又损害帝国。帝国依靠官僚来治理广土众民，官僚阶层是支撑和运转财政制度的主体力量。但是，官僚阶层同时又是削弱帝国财政基础的主要力量；前面说过，官僚阶层在兼并土地后少承担甚至不承担田赋负担，导致国家能够收取的田赋越来越少，最终损害帝国的财政基础。

第二个悖论，非正式收入体系既保障正式收入体系又损伤正式收入的基础。帝国时期正式收入体系之所以能够存在并运转，是因为有大量的非正式收入在提供保障。非正式收入产生于公务的需要，其中作为陋规的收取也有一定的惯例和规则。但是非正式收入体系的存在，又为官僚大肆贪污提供了机会并败坏了社会的风气，尤其是非正式收入体系可能会榨干民众的经济剩余，以至人民无力承担正式收入。

第三个悖论，工商业经济发展既依赖特权又受损于特权。帝国时期尤其明清两代的财政收入重在税地，工商业经济并非帝国财政的收入基础，因此国家对商人的人身和产权的保护、对市场规则与中间组织的建设，就严重不足。在现实中活动的商人，要从事大规模的商品交易或远程、跨期交易，就必须依托于特权阶层的保护，不然就只能像皇商或官商那样自己就是权力拥有者。如此，工商业经济确实也有所发展。但是，特权阶层出于私人利益所提供的庇护，往往也会因私利而撤销，或者为了攫取短期商业利益而破坏长期发展的潜力。特权阶层自己举办的工商业，更是常靠操纵或破坏市场规则来获利，损害工商业长期发展的基础。

这三个悖论的存在，使得在明君贤臣能大致有效地运转国家制度、正式收入正常并能有效控制非正式收入、特权尚能发展工商业经济之时，王朝就显示出"兴"的一面；而情况相反时，王朝就显示出"乱"的一面。再加上前面说过的人口过剩等危机，这些问题在帝国时期并无可靠的解决办法，只能依靠王朝的崩溃与新建来缓解。当然，从另一个方面来说，我们也要从王朝循环中看到帝国制度本身的成长，以及向下一个国家阶段过渡的必要。就是说，财政悖论在帝国阶段是没有办法消除的，必须实行国家向现代国家的升级。

那么现代国家是怎么消除帝国时期的财政悖论的呢？第一是用民主制度来摒弃特权，约束官僚阶层的行为，这样的官僚阶层只能为民众服务，不能利用权力积累财富，不能去破坏工商业经济活动；第二是放弃非正式收入体系，一切收入经由法定税收来筹集，收费被降至最小的程度且同样被纳入法治的轨道；第三是工商业发展依靠法律和政治制度的保护而不是特权。如果有国家还不能克服这三个悖论带来的问题，比如像官员凭借权力致富、非正式收入庞大而不确定、重要的工商业从业者不得不依靠特权庇护，那就说明它尚未成为真正的现代国家。

不过,要补充的是,并不是说国家发展到了现代国家就万事大吉能长治久安了。现代国家自身也存在着悖论,前面已经说过这一点,此处仅举一例。对资本而言,一方面劳动收入是成本因素,越低越好,在资本雇佣劳动时付出的工资越低,资本盈利就可以越多,生产也能就此扩大;另一方面,劳动收入又是消费的来源,越高越好,只有生产出来的产品被消费掉,生产才可以继续并进而扩大,而劳动收入越高消费才会越旺盛。看到此处的悖论了吗?劳动收入越低越好和劳动收入越高越好两个相反的命题,在这里同时成立。把这个悖论推到极端,假设有一天机器人全面代替现有的劳动者,那对资本来说劳动成本就降到了零也就是最低,可此时劳动者全部失业、收入也为零,那机器人生产出来的产品又能卖给谁呢?现代经济以及基于此的现代国家,在这里也暴露出其最荒谬的一面。

13. 问:陈寅恪先生说:"华夏民族之文化,历数千载之演进,造极于赵宋之世。"宋代皇帝有意与士大夫共治天下,并形成了文官政治,宋代的商品经济也比较发达。从根本上说,这些都离不开财政作为基础。你在书中认为,军事失利是宋代灭亡的外在原因,财政崩溃是值得关注的内因,并认为财政崩溃的因素有四个:两税收入无法维持,商税与禁榷收入无法增加,理财工具成为盘剥手段,额外征敛竭泽而渔。这四个原因中,制度的因素更大还是经济的因素更大?

答:首先,按照汤因比先生在《历史研究》一书中的回答,野蛮战胜文明是历史的常态而不是变态,人类历史上曾经繁荣过的文明,绝大部分都亡于野蛮人之手。所以对于宋王朝的灭亡,固然足以惋惜，但也不至于立即就上纲上线到断定宋代制度从根子上就错了或者全盘都是错误。也许询问另一个问题更公平一点：为什么在横扫欧亚的蒙古军事力量打击下，宋政权能生存那么久？

其次，宋代的财政未能提供充足的收入为国家渡过生存危机服务。这里面既有经济因素，那就是农业经济时代哪怕富裕如南宋，也没有充足的经济资源供应长期的战争；也有制度方面的原因，像你引用的我所总结的四个因素，当然还跟帝国时期的根本痼疾有关，即前面说过的，税负不能落在真正有能力的人身上，以至于普通小民负担已经极重而豪绅地主却负担极少，财政征收上再加强也未必能增加多少，即使收得到也会更加让普通民众跟政权离心离德。

最后，宋代在国家危急时刻的财政应对，在今天看来仍有许多值得我们注意或者借鉴的地方。我在书中专门写了一章浙东学派对当时财政危机的看法。就后世的眼光看，浙东学派的思想具有高度的现代性，特别是对功利的追求与对工商业的肯定，是后来中国走向现代国家的宝贵经验和先行预告，甚至温州地区率先在改革开放后的中国兴起也与此有关。当然，南宋政府滥发纸币带来民众对国家信任度的下降、贾似道回买公田想用实物资产来挽救帝国命运的失败，都值得我们今天在财政上反复思考。

14. 问：孔子说"君子喻于义，小人喻于利"，孟子说"仁义而已矣，何必曰利"，董仲舒说"正其谊不谋其利，明其道不计其功"，将义利对立，在道德上固然有高尚的一面，但不免流于空疏并制造伪君子，而且很容易被用来助纣为虐——因为大家都耻于言利，安于现状，统治者剥削民众就更加心安理得；一旦大家都竞相争利，对统治者的压榨就更敏感。宋代浙东学派倡言功利，将义利合一，与西方的新教改革异曲同工。但如你所说，在过去的帝国发展史中，统治者有一个基本共识，既不能使百姓太富裕也不能使百姓太贫穷，两种极端情况都会危及他们的统治地位。那么，这是否也是浙东学派的思想不为统治者所用的主要原因？

答：首先，你说的情况肯定存在，但还要看到另一面。统治者为了巩固自己的统治地位，确实不愿意百姓太富裕或者在百姓中出现突出的强者。在中外历史上，都出现过类似的统治术教育，柏拉图和马基雅维利都教导过君主要千方百计地削弱民众中的强者。不过要看到，帝国君主实际上是兼有公共性与私人性的，削弱百姓中的强者或者不让他们通过工商业致富，也有那个时代公共性的一面，那就是工商业资源属于流动性资源，它可能会冲击现有的秩序，富裕的工商业者可能会带来社会势力的失衡，工商业活动会跟农业活动竞争人力资源等。在我讨论《盐铁论》的那一章里，这些内容有比较充分的反映。

其次，要看到仇视商业活动、否定利益并非古代中国独有的特征，在世界其他民族的传统阶段都有。哈耶克在《致命的自负》一书中就讨论过，为什么人们会仇视商业、鄙视利益？他的解释主要是，我们个人成长于家庭这样的小团体，而人类成长于原始部落这样的小群体，在小团体、小群体中成长起来的人，对于利他主义的行为和休戚与共的情感就有天然的亲近，而对在大范围秩序中运用的商业规则会本能地仇视或鄙视。就是说，人把在小团体中适用的规则（不讲利益、没有交易）跟大范围秩序中该用的规则（讲究利益、交易合作）搞混了，才出现对利益的鄙视。新教改革对利益原则的肯定，既是西方部分地区在此时逐渐进入现代的一个表征，又是推动这些地区走向现代的精神力量。同样的，浙东学派的兴起以及对功利原则的肯定，是对国家危亡急需拯救的反映，又是对南宋疆域集中于工商业比较发达的江南地区的反映。到了明清两代，没有再遇到宋代那样的危机局面，其疆域广大并以农耕为主，因此浙东学派思想不再为统治者所用，恐怕正是这一现实的反映。

最后，要看到发展经济并不是帝国时期财政的职能。现代国家把经济发展作为不言而喻的财政职能，就像丹尼尔·贝尔在《资本主义文化矛盾》中说的，经济增长已经成为"发展中工业化社会的世俗宗教"和"西方工业化社会的一个重要信条"，"是个人动机的源泉，政治团结的基础，动员社会以实现一个共同目标的根据"。不过在帝国时期，财政的主要职能还是维护内外安全。在这个意义上，我们才能理解孔子说"不患寡患不均"是什么意思。特别是，正如我在书中所说的，明初朱元璋鉴于宋、元的教训，知道帝国财政建立在税商基础上可能会过分掠夺民众，于是重建税地为自己的主要收入来源，甚至把通过税地获得的两税大致固定在每年2700万石粮食，以免财政盘剥民众，由此诞生了历史学家黄仁宇先生所命名的内向、保守的洪武型财政。在此前提下，财政上排斥浙东学派的功利原则也是应有之义。

15. 问：在秦代以降两千多年的秦政制统治之下，老百姓作为纳税人承担了义务而没有享受到基本的权利。书中引用了19世纪德国财政学巨头斯坦因的观点，认为税收是仅存于自由公民组成的现代国家中的财政收入形式。除此之外，现代税收还要符合同意、平等、直接、规范等理性特征。近年来，包括李炜光、韦森等学者一直在呼吁税收体制现代化，但效果不是特别理想。美国国会议员要将60％的时间花费在审查政府的财政预算上。书中提到中国的人民代表大会和政治协商会议在财政中的作用仍未达到制度设计的要求，全国人大代表邓明义批评说，每年大会安排审议《预算报告》

都形同虚设。我感觉，中国的财政制度现代化实际与国家制度现代化联系在一起，你怎么看？

答：这个问题涉及中国走出帝国、建设包含财政制度在内的现代国家制度，问题非常宏大，值得众多学者长期研究。我只能就自己研究的范围给一些简单的回答，不一定让人满意。

首先，就我阅读和思考的范围所及，如果一个国家幸运地拥有以下三个条件，那它走向现代国家就会比较顺利：（1）底层民众及组织的抗争与努力，毕竟自己不争取，权利永远不会从天而落；（2）政府及领导人的开明和适时的让步，没有这样的开明与让步，一个国家就可能陷入政治僵局甚至动荡，痛失发展的机会；（3）有一个基本的谈判协商机构存在，这样就能有一个场所让民众与政府就相关问题交换意见，让各种社会力量发表议论、提出要求，并和平地解决争议和冲突。如果一个国家能具备这样三个条件，成功地走向现代国家，那你所说的征税的同意与现代税收的形式特征就都能实现，而代议机构审查政府预算这样的现代财政制度也自是必然。

其次，我个人觉得财税问题是激发已有的代议机构运转、推进包括财政制度在内的国家制度现代化的重要力量。这一税收推动代议制发展的主题，曾经被熊彼特在《税收国家的危机》中特别强调，也被后来的学者概括为"财政社会契约命题"。从历史上看，中世纪英国国王从来没想过搞什么民主制度，他们始终想要的是更大的支配权，只不过为了更多的税收资金，不得不先向男爵们后来向平民代表开放代议制，并交给代议机构更多的权力。事实上，在我国每年两会期间讨论最为热烈的话题，始终是财税话题。像你提到的李炜光、韦森等学者以及一些作为个体活动的人大代表，也都是从财税话题入手推动国家制度的现代化。

何俊志教授写过一本书叫《制度等待利益》，他在书中的意思是，目前县级人大作为直接选举产生的代议制机构，运转得并不好，未能达到制度的要求和民众的期待，其中一个重要的原因是参与代议机构运作的群体，还没有成熟的利益，尚未有真正的动力参与代议机构的运转。我想，财税问题牵涉每一个人的利益，因此从财税问题入手、运用人们对自己利益的关心，让基层代议机构运转起来，应该是国家制度进一步现代化的可靠途径。你在问题中说到的呼吁税收体制现代化的效果不是特别理想，每年大会安排审议《预算报告》形同虚设，我想跟这里说的代表自身以及所代表的群体的利益还不成熟、代议机构自身还需改革等，都密切联系在一起。

我个人设想过运用基层（县、区）政府征收和使用房产税的机会，进一步激活当前代议机构的运行。房产税这么一大笔钱，牵扯我们的心头肉，毕竟购买商品时缴纳的增值税可以假装看不见，而对房产税无法视而不见。若要征收和使用房产税，我们就有动力要求代议机构的高度参与；只有真正能表达纳税人利益的代表，才有权决定如何使用我们缴上去的大笔税钱。我个人赞成由基层政府征收与使用房产税，因为它有助于推动县区基层人大真正运转起来并至少在以下两个方面作出改革：（1）废除目前的单位选区，真正按居住地原则划分选区，以现居为原则确定选民，这样决定房产税使用的是真正的房产主人或租户的代表，而目前单位选区的代表很多人房子并不在本区，他缴纳的房产税也不在本区使用，没有利益匹配的投票权，只是廉价投票权；（2）改革目前一个选区产生多名人大代表的制度，把选区划细，让每个选区竞争性地按多数原则产生一名区县人大代表，这样房产业主才能知道谁代表自己的利益，代表也才能真正获得人们的授权去表决房产税的使用。

后　记

感谢浙江人民出版社把我在得到平台上开设的《中华帝国财政30讲》课程的讲稿变成了现在这本小书。感谢得到公司的马晓蓉女士和鹿宇明先生，正是在他们的精心敲打和大力帮助下，才有我讲稿的成型。此次经得到公司授权，我将讲稿改编成书，需要感谢他们当年的贡献。当然，还需要感谢所有在得到平台上选修我课程的同学，特别是那些精心留言和向我提问的同学，他们的思考内容与所提问题，有不少被我吸收并体现在这本修改后的书稿中。这本小书最终成书虽然只署我一人的姓名，但功劳属于所有的参与者。

罗振宇老师曾经跟我解释，他为什么邀请我在得到平台上开一门财政史的课程，虽然明知道财政史课程的受众不会太大。那是因为他在读我的《中国财政十六讲》教材时，常有一种颠覆的感觉。我想，这样的颠覆并非来自我提供的史实，因为绝大多数史实是普通的，而是因为我从财政政治角度，给出了一种相对深入、独特的解释，揭示出历史的复杂与深层的秘密。

事实上，历史就像一座巨大的图书馆，如果事先没有掌握好图书分类方法，就会轻易地迷失在细节中。也许在细节中能看到很多有意思的东西，并度过愉快的时光，但却没有办法去掌握整体，没有办法向他人作出概括，也无法提出可能的建议。我利用自己学习和思考所掌握的一些政治学概念，从财政角度来把握中华史的发展，进而提出了一些有意思的分析与结论。在中国走上现代国家的途中，我想这本从财政视角再看一遍中华史的小书，应该可以帮助有心的朋友作进一步的思考。

　　这本小书是在我当初提交给得到公司比较书面化的文稿基础上修订而成的，没有采用马晓蓉为我编辑的更为口语化的音频播出版本。有兴趣的朋友，不妨比较一下两者的不同。口语版更加通俗，目前的文字版更严谨一些。不过，总体来说，这本小书志在通俗，因此我有意识地略去了所有的文献来源交代。仅在书末列出参考文献。若需要更全面的文献出处的朋友，不妨参考一下《财政中国三千年》（上海远东出版社 2020 年版），在那本书里我详细列出了所有引用文献的出处。

　　感谢你的阅读，也敬请读者朋友赐予宝贵的批评与建议。

刘守刚
2022 年 2 月 8 日